AF453972

LE PARTICULARISME

DU

DROIT COMMERCIAL MARITIME

APERÇU D'ENSEMBLE

sur la nature spécifique, le domaine d'application
et la méthode d'interprétation du Droit commercial maritime

PAR

Julien BONNECASE

PROFESSEUR A LA FACULTÉ DE DROIT DE BORDEAUX

BORDEAUX

IMPRIMERIE Y. CADORET

G. DELMAS, Succr

IMPRIMEUR DE L'UNIVERSITÉ

17, RUE POQUELIN-MOLIÈRE, 17

1921

LE

PARTICULARISME

DU DROIT COMMERCIAL MARITIME

AVANT-PROPOS

I. — Il n'est pas excessif d'avancer qu'aux yeux, non seulement des profanes, mais aussi d'un très grand nombre de juristes, le Droit commercial maritime persiste à revêtir un caractère sibyllin. Il serait, ni plus ni moins, le dernier refuge des formules et des institutions archaïques, au milieu desquelles peuvent seuls s'aventurer, après de longues et patientes études, quelques initiés de choix. Dédaigneux de toute parenté trop étroite avec les autres branches du Droit, le Droit commercial maritime trouverait en lui-même, et en lui seul, le secret de son développement; doté d'une force organique toujours égale à elle-même, il parviendrait, sous le couvert d'une allure vieillie, à faire face aux nécessités successives de la vie maritime moderne. Un mot a été lancé, qui marque parfaitement le mystère dont on se plaît à envelopper la nature spécifique du Droit commercial maritime ; il n'est plus question aujourd'hui que du « particularisme » du Droit maritime ; on a de la sorte systématisé à l'aide d'un terme les variantes de cette croyance inébranlable du XIXe siècle en une nature spécifique du Droit maritime, qui le classerait absolument à part. Mais qu'entend-on au juste par « particularisme »? C'est là que gît la difficulté. Ces quelques pages sont consacrées à l'examiner et à la résoudre.

11. — Peut-être trouvera-t-on étrange que nous prétendions par une étude aussi peu étendue apporter notre contribution à la recherche de la nature spécifique du Droit commercial maritime, de son domaine d'application et de sa méthode d'interprétation, car au fond c'est bien là notre but. Mais l'enseignement et la pratique de cette branche du Droit nous ont précisément convaincu qu'elle obéissait dans son développement à des directives très simples, quoique malaisées à déterminer ; c'est leur mise en œuvre dans chaque cas particulier, qui constitue malgré tout en notre matière l'obstacle, à raison des frontières mal délimitées du domaine du Droit maritime et à raison également du milieu social maritime en perpétuelle transformation. Encore faut-il dégager les directives auxquelles nous faisons allusion et qui, seules, permettent de dominer juridiquement cet état de choses et de résoudre autrement que par l'empirisme les conflits incessants provoqués par lui. De ce fait, le Droit commercial maritime est condamné à présenter une physionomie originale.

Mais nous nous demandons si la thèse du « particularisme », tant dans sa dénomination que dans sa substance, traduit d'une manière exacte cette physionomie. Le terme de « particularisme » n'entraîne-t-il pas avec lui un certain trouble en même temps que l'idée d'une originalité du Droit maritime dépassant par sa force la réalité? D'autre part, la substance dont serait faite le particularisme caractérise-t-elle vraiment à cette heure le Droit maritime observé dans son évolution constante ? Les fidèles de la thèse particulariste, qu'ils prononcent ou non ce terme, ne sont pas d'accord à ce sujet; on peut même se demander si certains n'attribuent pas comme traits spécifiques au Droit maritime des caractères depuis longtemps disparus, en admettant qu'ils aient jamais existé au degré indiqué par ces auteurs.

Il est, en tout cas, très symptomatique de voir les spécialistes les plus éminents du droit maritime, à l'heure actuelle : MM. Lyon-Caen et Renault, Danjon et Ripert, différer d'opinion sur le point capital qui nous occupe. Les œuvres de ces juristes défient, en effet, de façon absolue et en général, toute concurrence quant à la discussion des divers problèmes de la vie juridique maritime; elles sont à des titres divers, mais indiscutablement, l'honneur de l'enseignement du Droit maritime dans les Facultés de droit françaises, comme aussi les systématisations et exposés critiques les meilleurs des solutions mises en avant par les praticiens du Droit maritime et consacrées par la jurisprudence. Comment, dès lors, expliquer leurs divergences de vues sur le principe du Droit maritime en quelque sorte ? Le rechercher pourrait à lui seul, indépendamment de la question de fond, constituer la raison d'être de notre étude. Si notre effort est ainsi justifié, il n'en reste pas moins que nous nous attaquons à une tâche difficile. Nous ne nous le dissimulons pas. Il nous a semblé pourtant encore une fois qu'il appartenait à tous ceux qui, professionnellement, ont pour mission de réfléchir sur le Droit maritime, de faire connaître les résultats de leurs recherches; ce mobile nous fera pardonner les imperfections et la brièveté de notre exposé.

III. — Nous commencerons par préciser le sens donné au « particularisme » du Droit commercial maritime par la Doctrine française du xix° siècle et de l'époque contemporaine. Nous nous attaquerons ensuite à la notion de « particularisme » prise en elle-même et dans son application rationnelle au Droit commercial maritime; nous serons de la sorte conduit à l'examen des rapports que présente le Droit maritime avec le Droit civil et le Droit commercial; nous serons amené à constater que, de même que dans une mesure à déterminer le Droit commercial général représenté par le Droit commercial terrestre s'emboîte dans le Droit civil, de même, toujours dans des limites à fixer, le Droit commercial maritime fait corps avec le Droit commercial terrestre, donc, par voie de conséquence et à certains égards, avec le Droit civil. C'est seulement quand nous aurons démontré la dépendance du Droit commercial maritime vis-à-vis des autres branches du droit privé, y compris le Droit industriel et ouvrier, que nous pourrons, avec quelque certitude, passer à un point de vue vraiment actif, montrer en quoi consiste à l'heure actuelle l'originalité du Droit commercial maritime et quelle est, par suite, la situation du juriste, professeur, avocat ou magistrat, en face des exigences juridiques de la vie commerciale maritime.

On peut sans crainte affirmer que cette situation est unique dans l'état de codification du Droit privé qui nous régit. Le juriste en Droit maritime est appelé dans toute l'acceptation du terme à « dire » le Droit; les textes ne lui étant trop souvent d'aucun secours, il est obligé de puiser ses solutions aux sources réelles et profondes du Droit. Quand on parcourt les décisions de justice relatives à notre matière, spécialement celles des tribunaux de commerce, on est frappé du long exposé des faits en même temps que de l'appel, comme raisons de décider, aux notions « d'ordre public » et « d'équité », notions bien vagues prises en elles-mêmes, mais qui représentent, en quelque sorte à l'état subconscient dans l'esprit du rédacteur de la décision, le rôle de l'élément rationnel du Droit, la notion de droit, aux prises avec la contingence des faits, c'est-à-dire avec l'élément expérimental du Droit. Mais n'anticipons pas; d'autant que nous risquerions de fausser dès l'abord par un aperçu trop succinct et trop abstrait le but ultime auquel nous tendons et auquel doivent tout naturellement nous conduire une série de constatations à la fois logiques et concrètes (1).

(1) Cette étude est, en réalité, extraite quasi-littéralement du cours de droit commercial maritime que nous professons à la Faculté de droit de Bordeaux. Cela expliquera certaines précisions qui eussent été parfaitement inutiles, si nous n'avions entendu ne nous adresser qu'à des lecteurs déjà au courant tant du Droit privé en général que du Droit commercial maritime. D'autre part, nous attribuons au Droit commercial en général, sur la base de la nature des choses et des exigences de la vie, une portée qu'on n'est pas unanime à lui reconnaître. De là les développements que de toute nécessité nous devions consacrer à justifier notre point de vue à cet égard, pour en venir ensuite au Droit maritime.

CHAPITRE PREMIER

LE « PARTICULARISME » DU DROIT COMMERCIAL MARITIME, D'APRÈS LA DOCTRINE FRANÇAISE DU XIXe SIÈCLE ET DE L'ÉPOQUE CONTEMPORAINE (1).

---

1. — L'apparition, au début du dix-neuvième siècle, de la thèse du « particularisme » du Droit commercial maritime. — La thèse du « particularisme » du Droit commercial maritime a trouvé,

(1) Ce premier chapitre pourrait, s'il n'était précédé de quelques explications, faire passer notre étude, auprès d'esprits prévenus, pour une recherche purement théorique, comme si dans un domaine du Droit quelconque il était possible d'assigner un champ d'action respectif et complet à la théorie, d'une part, à la pratique, d'autre part ! Rien n'a été plus funeste au bon renom et à l'œuvre de la science juridique française du xixe siècle que le prétendu divorce entre une prétendue théorie et une prétendue pratique, qui avait pris la forme d'une opposition irréductible entre la Doctrine et la Jurisprudence, les auteurs étant en bloc rangés dans le camp des théoriciens, les hommes d'affaires et les magistrats dans celui des praticiens. Le fait est en lui-même d'autant plus curieux que plusieurs, même parmi les plus célèbres commentaires du Code civil, sont dus à des avocats ou à des magistrats, ce qui reviendrait à dire qu'un praticien peut à ses heures s'offrir le luxe de devenir théoricien, tandis qu'un théoricien (lisez : un professeur de droit) se trouverait dans l'impossibilité absolue de faire figure de praticien. Cette classification des juristes français en deux classes presque ennemies, en tout cas incapables de se comprendre, trouve quelque excuse dans la manière dont la science française du xixe siècle, en la personne de *l'Ecole de l'Exégèse*, a compris le droit civil. (Comp. à cet égard : Gény, *Méthode d'interprétation et sources en droit privé positif*, 2e éd., 2 vol., Paris, 1919; J. Bonnecase, *L'Ecole de l'Exégèse en droit civil*, Paris, 1919.) Mais l'Ecole de l'Exégèse voit aujourd'hui sa doctrine et sa méthode éga-

au début du XIXe siècle, dans Pardessus, l'un de ses premiers et plus autorisés défenseurs. Sans doute, le terme « particularisme » ne se rencontre pas sous la

lement abandonnées. Quoi qu'il en soit, ce point est essentiel à noter, la Doctrine n'a jamais en droit maritime perdu de vue la nécessité de délaisser la nature morte de certains textes pour s'attacher à l'étude de la vie qui les submerge de toutes parts. Même quand les auteurs s'astreignent à suivre l'ordre des articles du Code de commerce, on sent à travers leurs développements tout ce que le commerce maritime renferme de transformations incessantes. (Comp. d'abord, à cet égard, les vastes *Traités* qui ont été exclusivement consacrés au Droit maritime; Bédarride, *Commentaire du Code de commerce, Livre II. Du commerce maritime*, 5 vol., 1859; — Cresp, *Cours de droit maritime*, publié et annoté par Laurin, 4 vol., 1876-1884; — Desjardins, *Traité de droit commercial maritime*, 8 vol., 1878-1889; — De Valroger, *Commentaire théorique et pratique du livre II du Code de commerce*, 5 vol., 1883-1886. Joindre à ces traités, les ouvrages moins étendus et les études fragmentaires ci-après : Boulay-Paty, *Cours de droit commercial maritime d'après les principes et suivant l'ordre du Code de commerce*, 2 vol., 1838; — de Courcy, *Questions de droit maritime*, 4 vol., 1877-1888. — Dufour, *Droit maritime. Commentaire des titres I et II, livre II, du Code de commerce*, 2 vol., 1859; — Caumont, *Dictionnaire universel de droit maritime*, 1867, etc., etc. Il ne faut pas en outre oublier, pour se rendre compte du caractère revêtu par la Doctrine maritime, que la plupart des *Traités de droit commercial* ont au XIXe siècle embrassé le Droit maritime; v. Bravard-Veyrières, *Traité de droit commercial*, publié et annoté par Demangeat, 6 vol., 1862-63, tome IV. — Laurin, *Cours élémentaire de droit commercial*, 1883. — Boistel, *Précis de droit commercial*, 2e éd., 1878. — Pardessus, *Cours de droit commercial*, 5 vol., 6e éd., par Rozière, 1857, tome III. — Frémery, *Etudes de droit commercial*, 1833.) La plupart de ces auteurs puisèrent la substance de leurs ouvrages dans l'application quotidienne du Droit maritime ; Bédarride, Dufour, Caumont, Frémery étaient des avocats; Alfred de Coucy occupa les fonctions d'administrateur de la Compagnie d'assurances générales; Desjardins et de Valroger furent avocats au Conseil d'Etat et à la Cour de Cassation; parmi les professeurs, Pardessus et Boulay-Paty furent à la fois professeurs et magistrats, tandis que d'autres furent en même temps des avocats ou des consultants réputés; tel est le cas de toute la série des professeurs de droit maritime de la Faculté d'Aix : de Fresquet, Cresp, Laurin, auxquels il faut joindre dans les temps modernes M. Vermond avec son *Manuel de droit maritime*, 5e éd., 1920, et M. Ripert, transféré dans la suite à la Faculté de Paris et dont il va être question ci-après. Comment, en l'état, l'œuvre de la Doctrine n'aurait-elle pas été aussi solide que brillante en Droit maritime,

plume de l'illustre jurisconsulte; mais si le terme est absent, la conception qu'il est destiné à traduire constitue le point de départ fondamental des œuvres consacrées par Pardessus au droit maritime.

D'après cet auteur, trois traits originaux caractérisent cette branche du Droit: l'universalité ou uniformité, l'immuabilité et l'origine coutumière. Sur cette triple base, le Droit maritime s'oppose d'une façon absolue au Droit civil. Les jurisconsultes et les philosophes, écrit Pardessus, « ont été souvent rebutés par l'incroyable variété des lois civiles dans les différents Etats et quelquefois dans les provinces du même Etat; et quoiqu'en essayant d'expliquer cette variété par l'influence des temps, des mœurs, du gouvernement, de la position territoriale ou du climat, plus d'une fois ils ont demandé comment, la nature de l'homme étant la même partout, les lois qui règlent les intérêts privés et qui posent les limites du juste et de l'injuste, étaient

puisée qu'elle était aux sources vives et écrite sous l'influence immédiate de la discussion préalable des problèmes au contact et à l'occasion des faits ? Cette œuvre a atteint une renommée plus grande encore et plus méritée avec les Traités de MM. Lyon-Caen et Renault, Danjon, Ripert (Lyon-Caen et Renault, *Traité de droit commercial*, tomes V et VI, 4e édit., 1911-12; Danjon, *Traité de droit maritime*, 6 vol., 1910; Ripert, *Traité de droit maritime*, 2 vol., 1913-14), comme aussi avec les études doctrinales publiées dans la *Revue internationale de droit maritime*. Il n'est plus possible aujourd'hui, en présence de cette systématisation des données de la vie commerciale maritime représentée par ces Traités et à laquelle nous avons déjà fait allusion dans notre Avant-Propos, de sérier les professionnels du Droit maritime en théoriciens et en praticiens. Le Droit maritime est aperçu par tous de la même manière. De là, le chapitre que nous consacrons à l'examen de la notion de particularisme vue à travers les auteurs du xixe et du xxe siècle. Nous tenons, d'ailleurs, à déclarer que la remarque faite pour le Droit maritime s'applique aujourd'hui au Droit civil. Conçoit-on un professeur de droit civil s'enfermant dans une tour d'ivoire faite des articles du Code Napoléon et fermant les regards aux pratiques judiciaires et extra-judiciaires ? Seuls les esprits chagrins ou intéressés pourraient avoir le courage de le soutenir.

si diversifiées. Ces reproches ne sauraient atteindre le Droit maritime; l'uniformité est, j'oserai le dire, de son essence. Indépendant des variations qu'amènent les siècles ou les révolutions et des divisions que produisent les rivalités nationales, ce Droit, immuable au milieu des bouleversements des sociétés, nous est parvenu après trente siècles tel qu'on le vit aux premiers jours où la navigation établit des relations entre les peuples » (1).

Cette différence entre le Droit civil et le Droit maritime s'explique parfaitement d'après le même jurisconsulte. « Si les lois civiles, destinées à régler l'état des personnes, l'ordre de la famille, la transmission des biens, les modifications dont le droit de propriété est susceptible, la rédaction ou la garantie des engagements et les formes judiciaires, sont intimement liées à la nature du gouvernement, aux mœurs et aux habitudes nationales, il n'en est point ainsi des lois du commerce maritime. Produites en tout pays par des besoins semblables, elles tiennent de cette circonstance même un caractère d'universalité qui permet de leur appliquer ce que Cicéron a si bien dit du Droit naturel : *non opinione, sed natura jus constituitur;* et comme elles intéressent l'univers, dans lequel les navigateurs forment, pour ainsi dire, une seule famille, leur esprit ne saurait changer avec les démarcations territoriales; elles doivent être partout les mêmes, parce que partout leur prévoyance hospitalière doit offrir les mêmes garanties aux étrangers qu'aux nationaux. Le plus mauvais Code civil serait sans contredit celui qu'on destinerait à tous les peuples indistinctement; le plus mauvais Code maritime, celui qui n'aurait été dicté que par l'intérêt spécial et l'influence particulière des mœurs d'un seul peuple » (2).

(1) Pardessus, *Collection de lois maritimes*, t. I, p. 2.
(2) Pardessus, *op. cit.*, t. I, p. 2-3.

Après avoir ainsi fait état de l'uniformité et de l'immuabilité du Droit maritime, Pardessus aborde l'examen de son troisième trait distinctif : l'origine coutumière. Ce caractère se justifie comme les deux premiers. « C'est surtout du Droit maritime, déclare-t-il, qu'il faut dire que, quelque soin qu'on apporte à la rédaction des lois positives ou des codes, il est impossible de prévoir tous les cas. Au contraire, des usages fondés sur l'expérience et l'intérêt de ceux qui les pratiquent, les constatent ou les rectifient, pourvoient à tous les cas, quelque multipliés ou variés qu'ils soient. Cette sorte de loi gravée dans les esprits d'une manière plus durable que sur des tables législatives doit sa force à l'évidence de l'équité qui l'a suggérée ou du besoin qui l'a produite; elle persuade sans paraître commander, et la conviction lui assure un empire que l'autorité obtient plus difficilement. Aussi tous les peuples, et principalement les modernes, ont-ils été pendant plusieurs siècles régis par des usages plus puissants chaque jour par cela même qu'ils étaient plus anciens... Une raison éclairée par l'expérience ou, si l'on veut, une sorte d'instinct avait appris que les intéressés savaient beaucoup mieux que les gouvernements ce qu'il fallait faire, et plus d'une fois ces mêmes gouvernements ont tout compromis, tout perdu en voulant régir ce qu'ils devaient se borner à protéger. Je n'ai garde cependant de conclure que l'intervention du législateur soit toujours inutile ou nuisible. S'il doit respecter des usages auxquels leur ancienneté et leur universalité ont imprimé un caractère vénérable et pour ainsi dire sacré,... il est souvent indispensable que l'autorité publique intervienne pour constater l'existence des coutumes et les entourer d'une sanction capable de les protéger contre une licence d'opinions qui finirait par rendre tout problématique. » (1).

(1) Pardessus, *op. cit.*, t. I, p. 6-7. L'auteur a soin de limiter la

2. — La thèse du particularisme du Droit maritime est ainsi nettement et complètement établie du premier coup. Le législateur, d'après elle, est frappé d'impuissance en face de cette branche du Droit; douée d'immanence, elle se suffit à elle-même et s'engendre en quelque sorte successivement elle-même; le législateur peut et doit tout au plus protéger ses manifestations, mais il n'est pour rien dans leur origine.

3. — **La persistance, à la fin du dix-neuvième siècle et à l'époque contemporaine, de la thèse du particularisme du Droit commercial maritime. La forme et le contenu actuels du « particularisme ».** — La conception, au premier abord pour le moins extraordinaire, d'un Droit maritime particulariste, dans les termes où nous l'avons exposée, a été, avec quelques variantes, celle des juristes français du xixᵉ siècle (1). Elle a encore des défen-

thèse du particularisme telle qu'il vient de l'exposer au droit commercial maritime : « Je n'entends toutefois, déclare-t-il, parler que du droit maritime dans ses rapports avec les intérêts privés, parce que c'est en l'envisageant sous ce point de vue seulement que les réflexions précédentes me paraissent exactes. Tout ce qu'il est possible et permis de dire sur l'universalité du droit maritime ne concerne point, on le sait bien, les lois sur la marine militaire, sur les douanes, et sur ce qu'on est convenu d'appeler l'économie politique et commerciale. »

(1) « Il n'y a pas, déclare Desjardins, une autre branche du Droit sur laquelle la coutume et la tradition exercent un plus grand empire. Les lois du commerce maritime peuvent être envisagées, plus que toutes les autres, comme les rapports nécessaires qui dérivent de la nature des choses. Elles ne sont pas liées à la forme des gouvernements, aux préjugés des castes, aux instincts des races, aux habitudes particulières des différentes nations, elles reposent avant tout sur les nécessités de la navigation maritime, pour la plupart immuables. C'est pourquoi Pardessus a dit que l'uniformité est de leur essence. Ce langage est empreint de quelque exagération; il est certain que le genre humain apprend, marche et se transforme, alors même qu'il s'agit du commerce par mer, et nul ne contestera que l'emploi de la vapeur a modifié par certains côtés la navigation maritime elle-même... Mais quoique ouverte à tous les progrès, cette législation plonge plus qu'aucune autre dans le passé; née de besoins généraux et semblables,

seurs à l'heure présente. Témoins les développements
suivants de M. Danjon : « Le Droit maritime commer-

elle jette ses racines dans un ensemble d'usages semblables et généraux... Les plus vulgaires praticiens subissent, peut-être à leur insu,
le joug des mêmes faits et comparent incessamment, dans les livres
écrits pour les besoins de l'heure présente, les lois modernes avec
les anciennes traditions et les anciennes coutumes. Nous eussions
abrégé, mais non simplifié notre tâche en nous contentant d'écrire
une introduction à l'étude du droit commercial maritime français.
Telle est, en effet, l'universalité du droit maritime français qu'on ne
saurait rattacher à la législation d'un seul pays les plus importants
documents de cette histoire, par exemple les Rôles d'Oléron et le
Consulat de la mer. L'unité complète de législation civile et commerciale est une chimère. Mais s'il est possible de la faire passer sur quelques points dans le domaine des faits, c'est assurément lorsqu'il s'agit
du droit maritime. Par cela même que ce droit régit la navigation
maritime, il régit continuellement des rapports internationaux... A
tous égards, l'étude historique, comme l'étude pratique du droit
maritime, est essentiellement internationale. » *Introduction historique
à l'étude du droit commercial maritime*, p. 2 et suiv. Desjardins écrivait en 1890; quelques années auparavant, en 1878, M. Boistel s'expri-
mait presque dans les mêmes termes : « Le droit maritime se présente,
plus que toute autre partie de la législation commerciale, avec le
double caractère de l'immutabilité dans le temps et de l'universalité
dans l'espace. Les besoins que font surgir les rapports maritimes
sont les mêmes partout et dans tous les temps; ils ont été sentis à
peu près de la même façon, et les relations incessantes que la mer
établit entre les peuples leur ont fait apprécier la nécessité d'un certain accord dans les législations qui les régissaient sur cette matière.
Aussi les principes du droit maritime sont partout les mêmes, quoique
les détails diffèrent quelque peu; beaucoup des anciens monuments
de la législation maritime se reproduisent les uns les autres; il en
est de même des diverses législations modernes. » *Précis de droit
commercial*, p. 817. — Comp. en outre : Bédarride, *op. cit.*, t. I, p. 3;
— Cresp et Laurin, *op. cit.*, t. I, p. 9; — dans la notice consacrée à
Cresp, en tête de l'ouvrage, Laurin parle du « sens du droit maritime, de cette législation spéciale qu'on ne peut comprendre, ce
semble, qu'en mettant de côté toutes les notions de droit commun »,
loc. cit., p. 11; — Boulay-Paty, *op. cit.*, t. I, p. 1; — Quelques auteurs
mettent toutefois en doute le caractère immuable du droit maritime :
« Le droit maritime n'est pas plus immuable que tout autre »,
d'après de Valroger, *op. cit.*, t. I, p. 11. Mêmes constatations par de
Courcy, qui trouve le livre II du Code de commerce tout à fait suranné
par rapport au droit maritime considéré dans ses sources vives, *op. cit.*,
t. I, p. 8.

cial se différencie des autres branches du Droit privé par trois caractères qui en rendent l'étude particulièrement intéressante et suggestive : une grande stabilité à travers les âges, une remarquable uniformité dans tous les pays et en même temps une étonnante hardiesse dans les conceptions juridiques. » (1).

4. — On remarquera que sur ce terrain du particularisme du Droit maritime, les auteurs opposent le Droit maritime au Droit civil, passant sous silence le Droit commercial terrestre. En réalité, ils absorbent celui-ci dans le Droit civil, lui refusant du même coup

(1) M. Danjon précise sa pensée de la manière suivante : « Bien que les procédés techniques de la navigation aient considérablement changé avec les progrès de la science, les besoins du commerce maritime et les usages créés par ce commerce n'en sont pas moins restés à peu près les mêmes aujourd'hui que jadis; par suite les principes essentiels du Droit maritime contemporain ne diffèrent pas sensiblement de ceux de l'ancien Droit maritime. On trouve donc là une législation qui a traversé les âges en quelque sorte sans vieillir et pour laquelle l'histoire du Droit se confond souvent avec le Droit positif... D'un autre côté le commerce maritime est essentiellement cosmopolite...; les besoins qui naissent des relations maritimes sont sensiblement les mêmes dans tous les pays, d'autant mieux que ces relations sont elles-mêmes beaucoup plus commodes et plus fréquentes de peuple à peuple que celles qui s'établissent par voie de terre; ces relations continuelles et ces besoins pareils ont sur une foule de points engendré des usages similaires et des législations concordantes chez les différentes nations. Et il en a été ainsi à toutes les époques... De nos jours, il est vrai, l'intensité du travail législatif a créé ou tout au moins accusé certaines différences de détail entre les législations maritimes. De louables efforts ont été faits, depuis quelques années, pour réaliser l'unification du Droit maritime par voie législative, ou du moins pour préparer cette unification... L'unification du Droit qui, sans doute, restera toujours une utopie en matière civile peut donc déjà être entrevue comme réalisable en matière maritime. » Seulement on peut se demander si M. Danjon ne tombe pas dans une contradiction singulière quand il ajoute : « Enfin, chose très remarquable, le caractère archaïque que sa stabilité a conservé au Droit maritime n'empêche pas que ce Droit ait toujours été en avance à bien des égards sur le Droit terrestre, soit au point de vue purement juridique, soit au point de vue économique, soit au point de vue social. » *Traité de droit maritime*, t. I, p. 21-23.

B.   2

ce particularisme qui caractériserait le Droit maritime. Laurin, au surplus, s'exprime nettement en ce sens : « Malgré la codification, écrit-il, le Droit maritime a conservé dans la loi une place ainsi qu'une physionomie à part; il n'est, ainsi que ses origines historiques le démontrent, qu'une codification d'anciens usages qui se sont peu à peu établis et généralisés, tandis que la législation commerciale ordinaire n'est en somme et sauf exception qu'un rameau détaché du droit civil. » (1).

5. — En définitive, les prétendus caractères du Droit maritime ainsi décrits étaient acceptés de confiance par les auteurs et présentés sans essai sérieux de justification. Déjà MM. Lyon-Caen et Renault en avaient implicitement fait la remarque, puisqu'au lieu de l'uniformité du Droit maritime ils constataient les divergences des lois maritimes des différents peuples et souhaitaient l'élaboration d'un droit international privé maritime permettant de résoudre, d'après une base identique, les conflits de lois (2). Il était toutefois réservé à M. Ripert d'aborder de front le problème et de lui consacrer un examen aussi utile qu'approfondi dans son *Traité de droit maritime*, aux vues si originales et aux développements aussi riches d'esprit scientifique que de sens pratique.

D'une part, M. Ripert met en avant la notion de « particularisme » pour désigner, au point de vue formel, l'essence du Droit maritime; d'autre part, il ne voit pas, tout au moins d'un manière complète et exclusive, le contenu de cette notion dans les prétendus traits présentés par l'ensemble de la doctrine comme constitutifs, quant au fond, de la nature spécifique de cette branche du droit. « Il est malaisé, d'après lui, de mar-

---

(1) Laurin, *Cours élémentaire de droit commercial*, 1883, Introduction, p. 10.

(2) Lyon-Caen et Renault, *op. cit.*, t. V, p. 34-35.

quer en quelques traits la physionomie propre d'un droit aussi complexe et de rechercher les tendances d'une législation aussi fournie. A propos de chaque institution, on peut essayer d'apercevoir nettement son passé et de découvrir son avenir. Mais, ajoute-t-il, pour le moment il s'agit simplement d'une large fresque, où l'on tracera les lignes essentielles de ce Droit. » Il conclut : « Le trait le plus frappant, c'est que le Droit maritime ne ressemble à aucune autre branche de nos disciplines juridiques. Il a un caractère original qu'il doit à un particularisme très accentué. Je l'ai dit déjà, on ne saurait sans méprise grave considérer le Droit maritime comme une application aux choses et aux gens de mer du Droit commercial terrestre. C'est un principal et non un accessoire. Pour expliquer ce trait, il n'y a qu'à rappeler dans quelles conditions économiques ce Droit s'est développé. » (1).

6. — Ainsi donc le Droit maritime serait particulariste en ce sens qu'il se suffirait à lui-même et aurait au point de vue interne un développement autonome. Reste à préciser l'orientation, les lois de ce développement. M. Ripert repousse résolument à cet égard l'idée de stabilité. « La remarquable stabilité du Droit maritime, écrit-il, a été bien souvent vantée... Rien de plus inexact. Heureusement pour nous, notre Droit maritime ne date pas de trente siècles ! On confond ici la stabilité du Droit maritime et son caractère particulariste. En réalité, les facteurs ordinaires des transformations juridiques n'influent pas sur le droit maritime. Il ne s'agit pour lui ni de considérations morales ou religieuses, ni de régimes politiques divers. Les idées et les mœurs peuvent changer sans qu'il soit ébranlé. Il a une vie à part, un caractère original. » (2).

(1) Ripert, *op. cit.*, t. I, p. 37.
(2) Ripert, *op. cit.*, t. I, p. 44-45

A quoi donc se ramènera celui-ci ? M. Ripert ne croit pas pouvoir répondre par une formule simple et unique. Retenons pour l'instant qu'il rejette l'idée d'uniformité au même titre que celle de stabilité comme représentation de l'essence du Droit maritime (1). D'autre part, il semble donner, quant aux sources, le pas à la loi sur la coutume et les usages à l'heure actuelle : « La grande source législative actuelle, dit-il, c'est le Code de commerce, dont le livre II est consacré au Droit maritime...; la source législative est de beaucoup la plus importante, ainsi qu'il est fatal sous une régime de codification » (2). Notons enfin cette déclaration : « De la prétendue stabilité du Droit maritime, un caractère pourtant reste vrai qu'il faut retenir, c'est l'*esprit traditionaliste* de ce droit, dû certainement à son particularisme. Tout comme autrefois le Droit civil romain, le Droit maritime d'aujourd'hui ne renonce pas volontiers aux anciennes institutions, même lorsqu'elles ont perdu leur raison d'être. Il connaît des survivances curieuses » (3).

(1) Ripert, *op. cit.*, t. I, p. 58.
(2) Ripert, *op. cit.*, t. I, p. 74 et 78.
(3) Ripert, *op. cit.*, t. I, p. 47.

CHAPITRE II

LA NOTION DE « PARTICULARISME » PRISE EN ELLE-MÊME
ET DANS SON APPLICATION AU DROIT COMMERCIAL
MARITIME. LA SPHÈRE D'INFLUENCE DU DROIT COMMER-
CIAL TERRESTRE OU DROIT COMMERCIAL GÉNÉRAL ET
DU DROIT CIVIL PAR RAPPORT AU DROIT COMMERCIAL
MARITIME. LES ÉLÉMENTS SPÉCIFIQUES DU DROIT MARI-
TIME ET SON CHAMP D'ACTION

---

7. — Trois ordres d'idées constitueront la matière de
ce chapitre. Nous examinerons, en premier lieu, la
conséquence rigoureuse à laquelle conduirait la notion
de particularisme appliquée au Droit commercial maritime, telle que l'ont conçue ses promoteurs, si l'on
voulait aller jusqu'au bout de la logique abstraite; mais
nous démontrerons du même coup l'inadmissibilité
d'une pareille conséquence et situerons les limites
extrêmes dans lesquelles est susceptible de se mouvoir
le particularisme du Droit commercial maritime, en
même temps que nous fixerons les caractères les plus
prononcés qu'il peut théoriquement revêtir. Cela nous
condamne fatalement à déterminer la sphère d'influence du Droit commercial terrestre ou Droit
commercial général et du Droit civil par rapport
au Droit commercial maritime. A cet effet, nous
préciserons, en second lieu, les éléments constitutifs
et le domaine d'application du Droit commercial
terrestre comme aussi la fonction par rapport à ce der-

nier du Droit civil. Nous serons ainsi conduit à rechercher, en troisième lieu, les éléments spécifiques et le champ d'action du Droit commercial maritime pour montrer immédiatement dans quelle mesure ses institutions et ses règles s'encastrent dans le Droit commercial général et, par suite, dans le Droit civil. C'est seulement à ce moment-là que nous pourrons sur une base sûre prendre parti sur l'originalité actuelle du Droit maritime, sa nature spécifique, son élaboration progressive et sa méthode d'interprétation.

SECTION PREMIERE

LA CONSÉQUENCE LOGIQUE DE LA NOTION DE « PARTICULARISME » APPLIQUÉE DANS TOUTE SA RIGUEUR AU DROIT COMMERCIAL MARITIME; SON INADMISSIBILITÉ EN PRATIQUE. POSITION DU PROBLÈME DU « PARTICULARISME » DU DROIT MARITIME AU REGARD DE LA LÉGISLATION ET DE LA JURISPRUDENCE ACTUELLES; LES FORMES QUE CE « PARTICULARISME » EST SUSCEPTIBLE DE REVÊTIR.

8. — L'abus de la logique et la puissance des faits en matière de « particularisme » du Droit maritime. — La conception du particularisme du Droit maritime, poussée jusqu'à l'extrême de la logique abstraite, aurait pour conséquence de donner une portée tout à fait générale et inattendue à la question de la nature spécifique du Droit maritime. Il ne s'agirait, ni plus ni moins, que d'un bouleversement jeté dans la classification fondamentale du Droit : la division du Droit en Droit public et en Droit privé. S'il est un point considéré comme acquis dans la science juridique et la pratique jurisprudentielle, c'est bien la répartition des diverses branches du Droit en deux grandes catégories : le Droit privé et le Droit public; elles constituent respectivement comme deux troncs, issus sans doute anciennement d'une même souche, mais aujourd'hui nettement distincts et d'où s'élancent d'une façon exclusive les multiples floraisons du Droit.

Si l'on veut donner à la notion de particularisme appliquée au Droit commercial maritime sa plus grande extension, on est fatalement conduit à juxtaposer ou à superposer, comme on voudra, le Droit commercial maritime au Droit public et au Droit privé. Il ne faut pas l'oublier : la notion de particularisme prise en elle-même ne recouvre pas une réalité positive existant par elle-même et se suffisant à elle-même; cette notion évoque essentiellement l'idée de relation et, par suite, de différenciation. Le Droit commercial maritime n'en constituera donc une application dans le domaine général du Droit que s'il représente une discipline juridique vraiment autonome, et il n'en sera ainsi que si cette discipline est indépendante au même titre du Droit public et du Droit privé.

9. — Le seul énoncé de cette condition prouve à lui seul l'impossibilité évidente de donner à la notion de particularisme dans son application au Droit commercial maritime le sens le plus large qu'elle pourrait théoriquement comporter et que les plus fougueux particularistes, empressons-nous de le dire, n'ont jamais prétendu lui prêter.

Le Droit public et le Droit privé tirent leur origine comme leur structure, moins des sujets des rapports de droit qu'ils sont appelés à régir que de la substance de ces mêmes rapports. Le rapport de droit se ramène, de son côté, à une relation de fait prise en considération par le Droit; deux éléments sont intimement unis au sein du rapport de droit; un élément matériel : l'objet, c'est-à-dire le conflit d'ordre social qui met aux prises deux personnes et engendre entre elles une relation de fait; un élément formel : la règle de droit qui, sous le couvert de la solution sociale à donner au conflit, transforme la relation de fait née de celui-ci en rapport de droit. La division des règles de droit en Droit public et en Droit privé est issue de la nature même des conflits que le Droit a pour mission suprême de prévoir soit pour les empêcher, soit pour les résoudre; suivant que l'intérêt général ou l'intérêt privé est directement et principalement en jeu, c'est le Droit public ou le Droit privé qui intervient, et cela non pas arbitrairement, mais parce que, sur la base même de l'expérience, il a été reconnu impossible de coordonner, à l'aide d'une technique juridique identique, les rapports sociaux d'intérêt public et d'intérêt privé. Or, il n'est pas douteux que les relations sociales par lesquelles se manifeste le commerce maritime et qui servent de support aux règles du droit commercial maritime soulèvent essentiellement des conflits d'intérêt privé et, par suite, placent le Droit commercial maritime dans l'orbite du Droit privé.

10. — **Position du problème du « particularisme » du Droit commercial maritime au regard de la législation et de la jurisprudence actuelles. « Particularisme » externe et « particularisme » interne. Les deux formes que le « particularisme » interne est susceptible pratiquement de revêtir.** — Etant donné nos explications précédentes, le particularisme du Droit commercial maritime se présente nécessairement sous les apparences d'une opposition avec le Droit civil, le Droit commercial terrestre et le Droit industriel ou ouvrier; car, à nos yeux, la législation industrielle ou ouvrière dans son principe et dans la majorité de ses règles n'est pas autre chose qu'une floraison nouvelle du Droit civil, éclose sous l'influence de la physionomie de fait qu'a prise dans la vie moderne le contrat de travail et que ne pouvaient soupçonner les rédacteurs du Code Napoléon. Cela étant, dans sa portée la plus absolue, l'indépendance du Droit commercial maritime au regard des autres branches du Droit privé pourra théoriquement revêtir l'allure d'un particularisme externe et d'un particularisme interne à la fois.

Il y aura particularisme externe, si les sources formelles (1) du Droit commercial maritime sont autres que celles du Droit civil, du Droit commercial terrestre et du Droit industriel. Il y aura, au contraire, particularisme interne si les rapports de droit, objet du Droit maritime, obéissent à une réglementation spéciale. Le particularisme interne est susceptible de se présenter sous une double face; il se peut, en premier lieu, que

(1) Quoique écartant ici toute préoccupation purement scientifique, force nous est de rappeler l'opposition des sources formelles et des sources réelles des règles de Droit; l'importance de cette distinction est pour le moins aussi grande dans le Droit maritime que dans les autres branches du Droit; elle apparaîtra plus tard d'une façon particulièrement nette. Disons dès maintenant que sous le rapport des sources réelles, le Droit maritime ne peut prétendre à aucun particularisme. Quelle que soit la catégorie à laquelle elles appartiennent, les règles de droit ont toujours les mêmes sources réelles. On désigne par ce dernier terme, les éléments générateurs des règles de droit; ils sont au nombre de deux : l'élément expérimental et l'élément rationnel; l'élément expérimental constitué tant par les aspirations du milieu social que par les tendances permanentes de l'homme; l'élément rationnel fait de la notion de droit, qui est représentative du Droit en soi, du Droit tout court. Les sources formelles ne sont pas autre chose que les formes, les voies prises par les éléments générateurs du Droit pour se traduire en règles de droit. Les règles de droit étant des règles de conduite externe, dotées d'une force coercitive également externe, doivent, en effet, nécessairement être formulées par une voie externe. De là, l'existence des sources formelles du Droit, c'est-à-dire de commandements et de directives placés sous la sauvegarde de l'autorité publique, sinon émanant d'elle directement ou indirectement, et dont les deux types principaux sont la loi et la coutume. Que le Droit maritime dérive d'autres sources formelles que la loi et la coutume et il revêtira le particularisme externe dont nous parlons au texte. Pour de plus amples développements sur la distinction des sources réelles et des sources formelles des règles de droit, v. J. Bonnecase, *Revue générale du Droit*, 1920, p. 187-189 et les références.

le Droit commercial maritime régisse autrement que les autres branches du Droit privé des rapports de droit prévus parallèlement par celles-ci; il se peut, en second lieu, que le Droit maritime possède des institutions originales correspondant à des rapports de droit rigoureusement spéciaux au commerce maritime.

11. — La question qui se pose est donc celle de savoir si le Droit commercial maritime à l'heure actuelle présente une physionomie faite de ce particularisme externe et de ce particularisme interne que nous venons d'indiquer et, de plus, si ce particularisme double est intégral ou, au contraire, s'il n'existe que par certains côtés, partiellement. On aperçoit toute l'importance de ce problème pour la détermination tant de la nature spécifique et du domaine d'application du Droit commercial maritime que de sa méthode d'interprétation.

12. — Le seul moyen de résoudre notre problème consiste à commencer par définir avec une scrupuleuse exactitude le Droit commercial terrestre, à préciser la fonction du Droit civil par rapport à lui en même temps que par rapport au Droit industriel. Cela peut être fait et sera fait très brièvement. Un simple rapprochement éclairera ensuite du coup la place et le rôle du Droit commercial maritime au sein du Droit privé, dira la mesure de son autonomie et de ses caractères propres et irréductibles.

SECTION II

LES ÉLÉMENTS CONSTITUTIFS ET LE DOMAINE D'APPLICATION DU DROIT COMMERCIAL TERRESTRE OU DROIT COMMERCIAL GÉNÉRAL. LA FONCTION DU DROIT CIVIL PAR RAPPORT AU DROIT COMMMERCIAL.

13. — Les éléments constitutifs du Droit commercial terrestre ou Droit commercial général.
— Le Droit commercial terrestre (1) fait figure de Droit commercial général. Il peut être ainsi défini : *L'ensemble des règles et des institutions de droit privé* (2)

---

(1) Il n'est pas inutile de remarquer en passant que le Droit commercial terrestre n'a d'exclusivement terrestre que le nom, puisqu'il régit la navigation fluviale, art. 1782-1786 Civ., 107 et 632 C. co.; ce qui n'empêche pas la loi elle-même de rapprocher à d'autres égards la navigation maritime et la navigation fluviale, témoin l'article 633 C. co., qui identifie en tant qu'acte de commerce, les entreprises de constructions ou les ventes de bâtiments, que ceux-ci aient trait à la navigation maritime ou à la navigation fluviale.

(2) Nous nous permettons d'insister en vue de nos développements futurs sur la différence de la règle de droit et de l'institution juridique, qu'on n'aperçoit pas toujours très nettement. Toute la technique juridique, quelle que soit la branche du Droit à laquelle elle se réfère, se déroule autour des notions suivantes : la règle de droit et l'institution juridique, d'une part; le rapport de droit, d'autre part; enfin l'acte juridique et le fait juridique. La règle de droit est par rapport à l'institution juridique un élément simple de la technique juridique, se ramenant à un commandement ou à une directive calqués sur une relation de fait déterminée. Dès qu'une relation de fait est prise en considération par le Droit, une règle de droit est née qui aura désormais pour objet toutes les relations de fait analogues à celle qui a été l'occasion de sa naissance. Mais les règles de droit n'éclosent pas au hasard des faits les moins importants et les plus variés, pas plus qu'elles ne vivent, en quelque sorte, en ordre dispersé; les règles de droit s'absorbent dans les institutions juridiques et celles-ci ne sont pas que des cadres; elles sont encore moins des cadres artificiels, des amas de règles de droit plus ou moins bien juxtaposées entre elles. L'institution juridique est un composé de règles de droit se pénétrant les unes les autres au point de constituer un tout organique et embrassant une série indéfinie de relations, qui sont du coup transformées en rapports

*auxquelles se trouve assujetti l'exercice du commerce,
considéré au point de vue tant des rapports de droit*

de droit et dérivent toutes d'un fait unique fondamental; ce fait, origine
et base de l'institution, la domine nécessairement, en commande la
structure et le développement. C'est ainsi que les avaries communes
forment une institution du droit maritime; au sein de cette institution
se fondent une multiplicité de règles de droit régissant des relations
sans nombre, relations et règles de droit dérivant toutes d'un même
fait fondamental : le sacrifice volontairement consenti directement ou
indirectement par l'un des participants à une expédition maritime
dans le but de sauver le navire et la cargaison. — Rien n'est plus facile
que de passer de la règle de droit et de l'institution juridique au
rapport de droit, dont nous avons, d'ailleurs, déjà fait état.. Le
rapport de droit est la résultante forcée du contact de la règle de
droit et de la relation de fait; c'est une relation de fait prise en
considération par le droit, c'est-à-dire placée sous l'empire et la
protection à la fois d'une règle de droit; un élément matériel : le fait,
et un élément formel : la règle de droit, sont, en d'autres termes, intimement unis au sein du rapport de droit; ils forment une substance
indécomposable; car si la règle de droit précise les conditions de la
prise en considération de la relation de fait par le Droit et les effets
qui s'ensuivront, à son tour la relation de fait elle-même réagit sur
la règle de droit et aboutit à lui donner dans chaque cas une physionomie particulière. Ce qu'il convient par suite de retenir, c'est qu'il
n'y a pas plus de rapports de droit isolés que de règles de droit
isolées. Les rapports de droit se forment et se dissolvent au sein des
institutions juridiques; cela se comprend; les faits sont à la base de
toute la technique juridique; un même fait fondamental engendre des
séries de faits secondaires, dont l'ensemble s'offre au législateur comme
le tronc et les branches susceptibles de fournir la substance d'une
institution juridique, des règles de droit appelées à en dériver et aussi
des rapports de droit, conséquences de ces dernières. De tout cela
nous aurons à tirer des directives pour l'élaboration et l'interprétation du Droit maritime. — Signalons dans le même but les liens avec
les précédentes des deux dernières notions de la technique juridique :
l'acte juridique et le fait juridique. Si l'institution juridique et la
règle de droit conduisent fatalement au rapport de droit, celui-ci
évoque à son tour les notions de fait juridique et d'acte juridique,
pour la raison bien simple que le rapport de droit ne peut pas être
séparé de la cause qui l'a produit. La règle de droit prend, en effet,
en considération la relation de fait non seulement en elle-même, mais
aussi dans la cause qui l'a engendrée; plus exactement, c'est la prise
en considération de la cause qui entraîne la prise en considération de
l'effet. Cette cause peut être, comme on sait, une expression de volonté
directement destinée à mettre en mouvement soit une institution

*auxquels il donne naissance et par lesquels il se mani-
feste socialement que de la condition juridique du
commerçant et du fonds de commerce.*

Cette définition se décompose en les éléments suivants. Le Droit commercial a, à sa base, la notion juridique de commerce, plus étendue, on le sait, que la
notion économique correspondante; sous le couvert
d'une participation à la circulation des choses mobilières, opérée dans un but de spéculation, elle comprend aussi bien l'entreprise se traduisant par
l'échange que celle se ramenant à une transformation
manufacturière (1). Le Droit commercial est, en second
lieu, un ensemble de règles et d'institutions de Droit
privé. Le Droit commercial a pour caractère, en troisième lieu, caractère essentiel, de s'appliquer, indépendamment des sujets qui y sont parties, aux rapports de
droit auxquels donne naissance et par lesquels se manifeste socialement l'exercice du commerce; il est, pour
employer l'expression consacrée, un droit objectif,
principalement tout au moins; ce point de vue retien-
dra particulièrement notre attention plus loin.

Remarquons auparavant que le Droit commercial, en
quatrième lieu, organise la condition juridique du
commerçant, c'est-à-dire que, devenant subjectif, il
s'adresse au commerçant lui-même pour définir ce

juridique tout entière, soit une simple règle de droit et à créer dans
les deux cas un ou des rapports de droit, c'est alors un acte juridique;
ce peut être aussi un fait juridique, fait de l'homme intentionnel ou
non intentionnel, ou encore fait exclusivement matériel. — Tels sont
rappelés, une fois pour toutes, les éléments de la technique juridique
en général. Ils se retrouvent en droit maritime comme ailleurs. Nous
aurons donc à les utiliser. C'est pourquoi nous les avons groupés à
l'occasion de la distinction de la règle de droit et de l'institution
juridique

(1) Lyon-Caen et Renault, *Traité de droit commercial*, 3ᵉ éd., 1898,
tome 1, nᵒ 6. — Thaller, *Traité élémentaire de droit commercial*,
5ᵉ éd., par Percerou, 1916, nᵒ 7. — Lacour, *Précis de droit commercial*, nᵒ 5.

commerçant et ses variétés, comme aussi pour dresser
le statut du commerçant en général et de ses multiples
catégories; à cette partie du Droit commercial sont
afférentes l'institution des sociétés commerciales (1)
ou le commerçant-société et l'institution de la faillite.
Observons enfin que le Droit commercial a trait aux
biens; de lui relèvent la notion de fonds de commerce
et sa condition juridique; ce n'est pas tout : les règles du
Droit commercial ne se contentent pas de régir le fonds
de commerce, qui est l'instrument principal du commerce; elles embrassent aussi des biens isolés, tels que

(1) Un certain nombre d'auteurs persistent, sur la base de l'art. 18
du Code de commerce, à voir un contrat à la base de toutes les sociétés
commerciales (Lyon-Caen et Renault, t. 2, nᵒˢ 11 et s.; Lacour, nᵒˢ 198
et s.; comp. Thaller, nᵒˢ 218 et s.). Si l'on poussait cette idée jusqu'au
bout, on en arriverait à se demander pourquoi la société commerciale n'a
pas pris place parmi les actes de commerce de l'art. 632; il est vrai que
tout comme pour l'achat d'un fonds de commerce, les partisans de la
société-contrat pourraient soutenir que la société est le premier acte
de la profession de commerçant ou la condition de la profession de
commerçant pour certains. Encore cela ne serait-il exact que pour les
associés en nom collectif et les commandités. Quoi qu'il en soit de
cette discussion purement théorique étant donné l'art. 19 du Code de
commerce, il n'en reste pas moins que les sociétés commerciales sont
avant tout des organismes vivants, des personnes juridiques aussi agis-
santes que les personnes physiques, dont la structure et le mécanisme
constituent en quelque sorte la substance d'un Droit commercial des
personnes. Il n'est pas vrai, comme on a une tendance à le croire, que
le Droit commercial soit dans le sens rigoureux du terme un droit exclusivement patrimonial. Il a trait lui aussi à la condition juridique
des personnes, non seulement par les règles relatives au statut du
commerçant-individu, mais surtout par les règles qui président à
l'organisation, à la vie et à la dissolution des sociétés commerciales,
plus spécialement des sociétés par actions. En admettant que la
mise en mouvement de l'institution de la société anonyme suppose à
l'origine un accord de volontés, il est évident que ce type de société est
avant tout une personne juridique, dont la structure peut prétendre
sous le rapport de la complexité à une comparaison avec la personne
physique; seulement, tandis que le Droit civil n'a qu'à individualiser
socialement la personne physique et à fixer sa capacité, le Droit
commercial doit commencer par créer la personne qu'est la société
commerciale.

ceux dénommés propriété industrielle et commerciale; la propriété littéraire et artistique, sous certains de ses aspects tout au moins, rentre elle-même dans le domaine du Droit commercial.

14. — Le domaine d'application du Droit commercial. — Ce domaine est constitué par les trois derniers éléments que nous avons énumérés : la notion et le statut du commerçant, la notion et le statut du fonds de commerce, les rapports de droit issus de l'exercice du commerce. Les deux premiers vont d'eux-mêmes, ce qui ne diminue en rien, dans notre esprit, leur importance au point de vue de la structure et de la portée du Droit commercial, bien au contraire. Mais, encore une fois, leur champ d'action apparaît de lui-même. On ne peut pas en dire autant du troisième élément; c'est pourquoi il mérite de retenir ici notre attention en vue de quelques précisions dont il y aura lieu de faire état plus tard, quand le moment sera venu de fixer les limites des domaines respectifs, parallèles ou concentriques, du Droit commercial terrestre et du Droit commercial maritime.

15. — Les rapports de droit régis par le Droit commercial. Origine, détermination et classification de ces rapports. — L'exercice du commerce se traduit socialement par des actes juridiques et des faits juridiques. Toute la question est de savoir si le Droit commercial soumet à son emprise tous les actes juridiques et tous les faits juridiques qui, dans la réalité des choses, ont pour origine le commerce, tel qu'il a été défini antérieurement. On se heurte à cet égard pour le commerce terrestre à l'article 632 C. com., à compléter par les art. 631-1°, 633, al. 1, et 638, al. 1. Il semble bien que le culte de l'Ecole de l'Exégèse pour le texte de loi ait déteint sur les auteurs de Droit commercial et les ait empêchés de donner à celui-ci toute sa portée quant aux rapports de droit régis par lui. Les textes précités ne prévoient expressément que des « actes de commerce » et non pas des faits juridiques, ce qui littéralement conduirait à exclure du Droit commercial tous les rapports de droits issus d'une source autre qu'une manifestation de volonté directement destinée à mettre en mouvement une règle de droit. On est d'acord aujourd'hui pour admettre la solution contraire, mais d'une façon trop étroite que nous nous contentons d'indiquer en note, la question n'ayant pas pour notre étude une très grande importance (1).

16. — Il en va tout autrement du point de savoir si la liste des actes de commerce a été dressée limitativement par le Code de commerce. Mais ici le problème demande à être posé avec la plus grande précision.

17. — Il convient préalablement de distinguer les actes de commerce objectifs et les actes de commerce subjectifs. Nous visons par l'acte de commerce objectif : l'opération juridique ou l'organisme par lequel se tra-

---

(1) Les auteurs n'admettent l'existence de faits juridiques commerciaux que sous la forme de quasi-contrats, délits et quasi-délits émanés de commerçants à l'occasion de leur commerce (Thaller, n° 61; Lyon-Caen et Renault, *Manuel*, 12e éd., n° 40; Lacour, n° 67); en d'autres termes, les faits juridiques commerciaux correspondraient aux actes de commerce subjectifs; ils ne tomberaient sous l'empire du droit commercial qu'à raison de la qualité de commerçant de leur auteur. Nous croyons cette conception beaucoup trop restrictive et peu en rapport avec la nature du Droit commercial français. Les auteurs précités, du moins certains d'entre eux (Lyon-Caen et Renault, *op. cit.*, n° 39; Lacour, n° 61), estiment, en effet, qu'un acte juridique civil de sa nature est susceptible de se transformer en acte de commerce du fait de sa relation avec un acte de commerce objectif isolé, qui serait sa raison d'être ou dont il serait la condition. Pourquoi un fait juridique, tel qu'une tromperie sur la marchandise, ne serait-il pas commercial s'il se produit à l'occasion d'un acte de commerce objectif isolé ? On n'en voit pas le motif. Les textes ne parlent peut-être pas d'eux-mêmes dans le sens de l'affirmative; mais ils sont tout aussi muets littéralement en ce qui concerne l'acte juridique, sous réserve peut-être de l'art. 91 C. c.; sa raison de décider est en tout cas la même dans les deux hypothèses.

duit, abstraction faite des personnes, l'exercice du commerce; il suppose donc, et seulement en principe, une entremise dans un but de spéculation au cours de la circulation de choses mobilières. La doctrine française désigne cet acte sous le nom d'acte de commerce par nature. Nous parlerons, en ce qui nous concerne, d'actes de commerce objectifs principaux, c'est-à-dire existant par eux-mêmes et s'opposant aux actes de commerce objectifs accessoires, dont il va être question plus loin. Les actes de commerce subjectifs visent, à l'inverse des précédents, les opérations juridiques considérées comme commerciales à raison de la qualité de commerçant de leur auteur et parce qu'accomplies à l'occasion de l'exercice du commerce. Ce sont les actes que l'on désigne habituellement sous le nom d'actes de commerce en vertu de la théorie de l'accessoire, expression peu claire en elle-même, car elle porterait à croire que les actes de commerce subjectifs sont les seuls actes de commerce accessoires, ce qui est inexact.

Si les actes de commerce subjectifs sont accessoires par rapport à la profession commerciale de leur auteur, il est d'autres opérations, civiles également de leur nature, qui sont pourtant considérées comme actes de commerce accessoires, mais accessoires à raison de leurs liens avec un acte de commerce objectif principal, ce qui fait d'elles des actes de commerce objectifs accessoires, tel l'emprunt fait par un non-commerçant en vue d'une opération commerciale à engager.

Quoi qu'il en soit, une limitation ne se conçoit pas en ce qui concerne les actes de commerce subjectifs et les actes de commerce objectifs accessoires; leur nombre et leurs variétés sont indéfinissables et indéfinis; contentons-nous de remarquer qu'ils traduisent un aspect de l'influence du Droit commercial sur le Droit civil, les opérations civiles se transformant en opérations commerciales du fait de la qualité de leur auteur ou de leurs liens avec un acte de commerce objectif principal. Il y a là un point essentiel à noter, car il marque excellemment la pénétration du Droit commercial au regard du Droit civil et, par suite, les limites mouvantes de leurs domaines d'application respectifs.

18. — Mais arrivons aux actes de commerce objectifs principaux ou, si l'on veut, aux actes de commerce par nature. La liste en est-elle dressée immuablement par l'art. 632 C. com. ? Indiquons avant tout l'intérêt du problème, qui est considérable. Si l'on admet l'affirmative, le Droit commercial est privé de toute élasticité; il se ramène à une réglementation exceptionnelle de rapports de droit soustraits plus ou moins arbitrairement par le législateur au régime du Droit civil; les notions de commerce et de vie commerciale importent peu; la volonté du législateur est seule à considérer dans sa toute-puissance. Si l'on décide, au contraire, que l'énumération de l'art. 632 n'est pas limitative, le Droit commercial n'aura pas d'autres bornes que celles fixées par la nature même des choses, c'est-à-dire du commerce. L'évolution commerciale est susceptible de faire apparaître des actes de commerce objectifs principaux qui avaient totalement échappé aux prévisions du législateur de 1807. Du coup, la qualité de commerçant pourra être acquise entièrement en dehors des dispositions littérales du Code de commerce, du fait de l'accomplissement professionnel des actes de commerce nouveaux. On aperçoit toute la portée pratique d'une pareille conception; il ne sera plus nécessaire aux intéressés de s'appuyer sur tel ou tel alinéa de l'art. 632 du Code de commerce pour invoquer à l'encontre d'un débiteur, par exemple, sa qualité de commerçant et du coup toutes les garanties inhérentes au Droit commercial.

19. — Placée en présence de la difficulté, la doctrine s'est nettement divisée. Pour nous en tenir aux auteurs contemporains, les uns se sont formellement prononcés pour le caratère limitatif de l'art. 632; les autres ont essayé, tout en maintenant le principe, d'en atténuer la rigueur; d'autres enfin se sont prononcés contre le principe de la limitation des actes de commerce par le législateur (1). Ce sont ces derniers qui sont dans

(1) Thaller (Traité n° 9) représente la première opinion : « L'énumération légale, dit-il, est limitative. On n'a pas le droit de l'étendre par des raisons d'analogie. C'est que le droit commercial forme un droit d'exception à côté du droit civil qui constitue le droit commun. Dès lors la question de savoir si tel acte ou telle personne relève du droit commercial revient à se demander si l'acte discuté, si l'acte sur lequel porte l'entreprise de cette personne rentre dans l'énumération que donne la loi. Si oui, on est en matière de commerce. Si non, on est en matière civile. » La seconde opinion est défendue par Lyon-Caen et Renault (n°ˢ 21 et 36 *bis*) : « L'énumération des actes de commerce faite par les articles 632 et s. C. com., écrivent-ils, est limitative sans doute; mais cela ne veut pas dire que l'interprétation de ces dispositions doit être restrictive au point d'aboutir à des contradictions ou à des solutions irrationnelles... On peut, par voie d'analogie, reconnaître le caractère commercial à des actes que le Code de commerce ne mentionne pas expressément. » Mais comment concilier cette faculté avec cette autre formule que l'on rencontre sous la plume des mêmes auteurs quelques lignes plus haut : Cette énumération est limitative; on ne peut donc pas y ajouter des actes qu'elle ne comprend pas. Lacour (*Précis.* n° 54) remarque avec raison que « lorsqu'on admet le principe d'une interprétation restrictive, on s'interdit de raisonner par voie d'analogie ». Aussi Lacour admet-il franchement le principe de la non-limitation légale des actes de commerce. La doctrine opposée, déclare-t-il, « a pour inconvénient d'enlever toute élasticité au droit commercial. Il lui sera interdit de s'étendre au-delà de l'horizon borné dans lequel se renfermait le législateur d'il y a cent ans. Des institutions nouvelles, auxquelles ce droit convient absolument, s'en verront refuser le bénéfice, parce qu'elles ne figurent pas dans l'énumération du texte (les assurances terrestres, par exemple, presque inconnues en 1807 et dont on ne prévoyait pas le développement). La jurisprudence ressent trop vivement le besoin de progrès pour consentir à se lier par une interprétation aussi étroite. Procédant par voie d'assimilation, elle a souvent déclaré commerciales des entreprises ou des opérations non mentionnées comme telles par le Code » (*Précis.* n° 24). C'est à propos des assurances terrestres que s'est posée plus spécialement la question du caractère limitatif de l'art. 632 du C. co. Les auteurs partisans de ce caractère se sont efforcés de faire rentrer les assurances dans l'un

le vrai; la jurisprudence consacre leur opinion (1) et on a peine à comprendre comment celle-ci n'a pas toujours triomphé; il a fallu pour qu'il en soit autrement toute la foi du xixe siècle dans l'exégèse et le texte de loi, accompagnée d'une trop grande indifférence pour la réalité.

L'existence des actes de commerce subjectifs et des actes objectifs accessoires suffirait à elle seule à mettre en garde contre la tendance à restreindre le domaine du Droit commercial. Comment, en effet, *a priori* soutenir que l'article 632 a une portée essentiellement limitative quand, par ailleurs, le même texte en déclarant commerciales « toutes obligations entre négociants, marchands et banquiers » permet au Droit commercial, sur la base de l'idée d'accessoire en général, d'absorber, sans compter, des opérations civiles, donc d'empiéter sans mesure sur le champ d'action du Droit civil ? Ce serait vraiment oublier que les textes de loi s'éclairent par leur but et non pas simplement par leurs termes littéraux. Les assurances terrestres ne pourraient pas tomber sous le coup du Code de commerce, sous prétexte que l'art. 633 a été seul à prévoir les assurances et qu'il n'a prévu que les assurances maritimes ? Le Droit commercial tire son origine et sa raison d'être des exigences de la vie commerciale considérée sous tous ses aspects et non sous l'aspect tronqué que semble avoir aperçu le législateur dans ses textes.

L'opinion contraire ne pourrait pas être soutenue

ou l'autre des alinéas de ce texte. Comme le démontre Lacour (*Précis.* n° 54), cela est parfaitement impossible. C'est à la notion même de commerce et à la dépendance du droit commercial par rapport à cette notion, abstraction faite des textes spéciaux, qu'il faut remonter, si l'on veut rationnellement trancher le problème.

(1) Nous ferons état de cette jurisprudence plus loin, comme conforme à notre conclusion sur la nature spécifique du Droit commercial.

même si l'art. 632 ne visait sous la qualification d'actes
de commerce que des opérations juridiques rigoureusement spéciales au commerce. Or, tel n'est pas d'ailleurs le cas; ce texte range parmi les actes de commerce des opérations juridiques régies également par
le Droit civil et qui, par conséquent, ont une double
face : civile et commerciale. Pour tirer de cette constatation les déductions qu'elle comporte, il convient de
faire parmi les opérations prévues par l'art. 632 une
distinction beaucoup trop négligée par les auteurs,
alors que, on va le voir, elle avait été formellement pré-
vue par les rédacteurs du Code de commerce comme
correspondant à une conception bien définie du Droit
commercial : la distinction des actes de commecre simples ou actes juridiques proprement dits et des entreprises commerciales.

19 *bis*. — Considérons tout d'abord la première
catégorie : les actes de commerce simples; ils correspondent, disons-nous, à la notion d'acte juridique appliquée à la vie commerciale, c'est-à-dire à une manifestation extérieure de volonté destinée à mettre en
mouvement une règle ou une institution juridique, à
l'occasion de l'exercice du commerce. Tels sont : la
vente commerciale, le louage de choses commercial, les
opérations de courtage, les opérations de change et de
banque. Or, les trois premières opérations ne sont
qu'une application spéciale des notions de vente, de
louage de choses et de louage de services mises en
œuvre par le Droit civil.

Passons aux entreprises. Et tout d'abord, qu'entendre d'une manière générale par une entreprise par
opposition à l'acte de commerce simple ? Les auteurs,
avons-nous dit, ne se sont guère préoccupés de cette
distinction (1). Elle a pourtant une très grande impor-

____

(1) Leurs explications à cet égard ne sont pas en tout cas d'une

tance tant au point de vue de l'analyse juridique qu'à
celui du caractère du Droit commercial français. C'est

très grande netteté : « Pour désigner les différents cas dans lesquels
le louage de services a exceptionnellement le caractère commercial,
déclarent Lyon-Caen et Renault, le Code emploie le mot *entreprises*
(*entreprises de manufacture, de transport, etc.*). Cette expression
implique qu'il s'agit, non d'un acte isolé, mais de l'exercice d'une
profession ou, tout au moins, d'une série d'actes semblables d'une
certaine importance qui impliquent une organisation préétablie dans
le but de les faire. Le caractère commercial est imprimé au contrat
principal et aux diverses opérations qui s'y rattachent. » (*Précis.*
n° 26). Lacour et Thaller ne semblent même pas s'être arrêtés à la
notion d'entreprise considérée en elle-même (comp. Lacour, n°s 37 et s.;
Thaller, n°s 25 et s..; ces deux auteurs en arrivent par le dédain
de cette notion à ne pas s'expliquer, sinon à contester, la différence
faite par le Code de commerce entre la nécessité d'une entreprise pour
que la commission tombe sous le coup du Code de commerce et le
fait qu'une opération isolée de courtage conduit à ce résultat. Même
remarque pour les auteurs antérieurs (comp. Boistel, *Précis de droit
commercial*, 3e éd., 1884, n°s 38 et s.; Laurin, *Cours élémentaire de
droit commercial*, 3e édit., 1890, n°s 19 et s.; Pardessus, *Cours de
droit commercial*, 4e éd., 1821, n°s 21 et s.). Toutefois, il semble bien,
ainsi qu'on le verra plus loin, que ce dernier auteur ait eu, à propos
de l'entreprise de fournitures, l'intuition de la différence essentielle
de l'acte de commerce simple et de l'entreprise). Bravard-Veyrières
(*Manuel de droit commercial*, 3e éd., 1846, p. 772) est un des rares
commentateurs qui, incidemment d'ailleurs, à propos des agences et
bureaux d'affaires, ait énoncé sa conception de l'entreprise : « C'est,
dit-il, dans le fait de *l'entreprise*, c'est-à-dire dans la réunion de
moyens combinés pour réitérer constamment la même espèce d'opérations, que réside le caractère commercial. Aussi une agence pour le
placement des domestiques est un acte de commerce, encore bien que,
dans le fait isolé de placer un domestique, il n'y ait rien de commercial. » Cette attitude de la Doctrine est curieuse, étant donné surtout le contact de ses représentants avec la vie commerciale. Elle est
d'autant plus inexplicable qu'au lendemain même du Code de commerce, Locré entreprenant d'exposer la conception du législateur dans
l'art. 632 traite en deux subdivisions distinctes « de la compétence
des tribunaux de commerce relativement aux *actes isolés du négoce* »,
et « de la compétence des tribunaux de commerce relativement aux
entreprises », (*Esprit du code de commerce*, 1813, t. 8, p. 261 et 284).
Locré considère si bien qu'il met en avant de la sorte la division fondamentale des actes de commerce qu'il y englobe les actes de commerce
terrestres et les actes de commerce maritimes. Nous verrons qu'à
l'étranger la notion d'entreprise fait l'objet de développements parti-

que, par le fait de la création d'une entreprise, une personne acquiert immédiatement la qualité de commerçant. Or, une entreprise peut matériellement et juridiquement exister avant que son fondateur ait à son actif des actes de commerce proprement dits (1).

Le terme d'entreprise évoque, en effet, essentiellement l'idée d'une « organisation commerciale » se traduisant par des signes extérieurs, autrement dit tout simplement l'idée d'un fonds de commerce plus spécialement considéré sous le rapport de ses éléments externes, des éléments qui dénoncent au public un établissement commercial ou, si l'on veut, l'intention chez une personne de se consacrer au commerce (2). La loi française n'a voulu voir des actes

culiers de la part des commentateurs des Codes. M. Chéron (*Eléments de droit commercial français*, Paris, 1919, nᵒˢ 12 et s.) est le seul des auteurs modernes à distinguer d'une part, les actes de commerce isolés et, d'autre part, les entreprises. Nous reviendrons plus loin sur sa notion de l'entreprise.

(1) Pardessus (tome 1, nᵒ 21) avait parfaitement entrevu la situation quand il écrivait : « Dès qu'une personne, ne fût-elle pas de profession commerciale, s'engage à fournir à quelqu'un des denrées, marchandises ou autres objets de cette nature, qu'elle ne désigne pas spécialement et limitativement comme faisant partie des fruits de sa culture, il y a une sorte de présomption que cette personne ne recueille pas ces choses; qu'elle les achètera ou les fera confectionner, et que son entreprise est un moyen de se procurer des profits industriels, soit dans la revente, soit dans la préparation, soit dans le transport de ces marchandises; c'est ce qu'on appelle *entreprises de fournitures* ».

(2) Nous voyons, quant à nous, à un égal titre, le signe de l'existence d'une entreprise dans l'ouverture de locaux adaptés à un commerce déterminé et dans la publicité par laquelle une personne fait connaître qu'elle s'installe comme commissionnaire, par exemple. Il semble que dans certains pays étrangers on soit plus exigeant sur la notion de l'entreprise. C'est ainsi que Vivante (*Traité de droit commercial*, traduction Escarra, 1910, t. I, nᵒ 69), qui a consacré des développements relativement longs à la notion d'entreprise, écrit : « L'entreprise est un organisme économique, qui met en œuvre les éléments nécessaires pour obtenir un produit destiné à l'échange, au risque de l'entrepreneur. La *combinaison* de ces divers éléments, nature, capital

de commerce dans certaines opérations juridiques
qu'à la condition qu'elles fussent l'émanation d'une

et travail, qui par leur association produisent des résultats que divisés
ils eussent été impuissants à produire, le *risque* que l'entrepreneur
assurera pour produire une nouvelle richesse, sont les deux éléments
essentiels de toute entreprise. Le droit commercial fait sienne cette
conception économique, tout en mettant en plus grande évidence ce
fait que l'œuvre de l'entrepreneur doit tendre à pourvoir aux besoins
d'autrui, à ceux du marché et que, par cela même, comme c'est la
règle dominante pour les autres commerçants, il doit accomplir une
fonction d'intermédiaire, en s'entremettant entre la masse des travailleurs et la masse des consommateurs ». Vivante nous paraît faire de
la notion d'entreprise la contre-partie de la notion économique d'industrie. C'est un tort. On sait que la notion juridique du commerce
embrasse tant la notion économique d'industrie que celle proprement dite
de commerce. Vivante a, d'ailleurs, aperçu, mais pour le rejeter, le
sens que nous donnons au terme entreprise; voir spécialement *op. cit.*,
t. I, n° 72. Au contraire, le Droit allemand distingue l'entreprise et
l'organisation commerciale; la qualité de commerçant est en certains
cas liée à l'existence d'une organisation commerciale et celle-ci répond
en somme au sens que nous avons donné au mot industrie : « L'exploitation commerciale des commerçants de par l'inscription au Registre,
écrit Cosack (*Traité de droit commercial*, traduction Mis, 1904, t. I,
p. 46) doit par sa nature et son étendue nécessiter une *organisation
commerciale*. On ne peut déterminer que dans chaque cas particulier
si cette condition est ou non réalisée; il s'agira principalement d'examiner si leur exploitation est si considérable ou si compliquée qu'ils
doivent organiser une comptabilité commerciale afin de pouvoir se
reconnaître dans leurs affaires. » Peut-être l'élément comptabilité est-
il mal choisi comme exemple de ces éléments externes auxquels nous
attachons pour notre part l'existence d'une entreprise. C'est le même
reproche aggravé peut-être encore que nous adresserons à la définition
de l'entreprise par M. Chéron (*op. cit.*, n° 23). Cet auteur, avons-nous
dit, est un de ceux qui en France ont plus spécialement porté leur
attention sur l'entreprise : « Certains actes, dit-il, ne sont commerciaux que s'ils sont pratiqués à l'état *d'entreprise*. Ce terme suppose
deux conditions : 1° Qu'il s'agisse non pas d'un acte isolé, mais
d'un ensemble d'actes du même genre accomplis d'une façon habi-
tuelle; 2° qu'il s'agisse d'une exploitation assez importante, dans
laquelle on se fait seconder par des salariés. » D'une part, le second
caractère de l'entreprise ,telle qu'elle est définie par M. Chéron, est
beaucoup trop spécial et exclusif d'une foule d'entreprises, telle que
celle d'un commissionnaire, en certains cas. D'autre part, le premier
caractère réduit à néant l'idée même d'entreprise opposé à l'acte de
commerce isolé, puisqu'il la ramène à une série d'actes de commerce

entreprise (1). Il en est ainsi en matière de transport, de manufacture, de commission, de fournitures, d'agences, bureaux d'affaires, établissements de ventes à l'encan, spectacles publics. Comme, au fond, toutes ces opérations correspondent à la notion du louage d'ouvrage ou de services du Droit civil, il se trouve que le Code de commerce s'est attaché à l'idée d'entreprise pour élargir à cet égard le domaine du Droit commercial aux dépens du Droit civil.

20. — Cela étant, est-il possible de soutenir que le législateur a voulu une fois pour toutes, d'une part, déterminer les manifestations juridiques originales du commerce sous le couvert de la liste des actes de commerce qui n'ont pas leur contre-partie dans le Droit civil, et, d'autre part, limiter le nombre des opérations civiles susceptibles de se transformer en actes de commerce ? Une pareille prétention est, encore une fois, inadmissible. Le commerce est, en premier lieu, l'élément mouvant de la vie sociale; on ne peut prévoir à l'avance ses transformations et son évolution; du moment où on juge à propos de le soumettre à une législation à part, celle-ci doit avoir une force organique suffisante pour faire face à la coordination de toutes les relations de fait commerciales qui sur-

de même nature, ce qui revient à dire que l'entreprise n'est pas autre chose que la qualité même de commerçant. Telle est, du moins, l'interprétation que nous semble comporter la thèse de M. Chéron.

(1) On n'a pas assez remarqué que la consécration de l'entreprise à côté de l'acte juridique simple parmi les actes de commerce tend à matérialiser le Droit commercial et à rendre vaines certaines discussions soulevées par l'interprétation de l'art. 1er du Code de commerce, notamment celle consistant à savoir si à côté de la profession il faut l'habitude pour être commerçant. Quand il s'agit d'entreprises, la fondation de celle-ci crée à elle seule la profession et la qualité de commerçant. C'est ce qui explique que l'achat d'un fonds de commerce constitue un acte de commerce, puisqu'à raison de ses éléments fixes et extérieurs le fonds de commerce ainsi acquis équivaut à la fondation d'une entreprise pour son nouveau titulaire.

giront. En second lieu, pour la même raison, l'aliment apporté au Droit commercial par le Droit civil, en dehors des institutions commerciales originales, ne peut être que continu, à l'image de ce qui se passe pour les actes de commerce accessoires. Dès qu'intervient la notion de commerce dans un rapport prévu par le Droit civil, celui-ci tend tout naturellement à s'encastrer dans le Droit commercial (1).

La notion de l'acte de commerce mixte corroborerait encore, s'il était nécessaire, cette opinion. En décidant qu'une même opération peut être commerciale pour une partie, civile pour l'autre, le Droit commercial montre bien qu'il n'entend soustraire sous aucun prétexte la vie juridique commerciale aux règles faites pour elle, mais au contraire la saisir partout où elle se manifeste.

D'ailleurs, il est aujourd'hui notoire que, suivant l'expression consacrée, le Droit civil, par beaucoup de ses aspects, dans la forme tout au moins, se « commercialise ». Est-il besoin de rappeler à cet égard l'extension par la pratique, du Droit commercial au

(1) C'est ce que constatait Laurin dès 1890, à propos de la commission (*op. cit.*, n° 29) : En dehors de l'entreprise de commission, écrivait-il, « le mandat lui-même, dans sa forme générale, ne peut-il pas devenir commercial ? Silence complet de l'article 632; mais ce silence n'est guère de nature à nous faire hésiter. Et tout d'abord, si la loi a réputé commerciale l'entreprise de commission, ce n'est pas précisément par suite de ce fait que le commissionnaire s'obligeait lui-même, à la différence du mandataire pur et simple; c'est parce qu'il s'agissait d'un mandat contracté en vue d'une affaire commerciale et devenu lui-même en raison de sa fréquence et de sa nécessité une véritable spéculation. Le restant ne constitue qu'une variété de ce mandat, une complication introduite après coup dans certaines circonstances par les nécessités de la pratique, mais ne peut le comprendre et le résumer tout entier... En résumé tout mandat sera commercial, avec les conséquences qui seront ci-après indiquées, dès qu'il interviendra pour la conclusion d'une opération commerciale et constituera lui-même l'exercice d'une profession. »

Droit civil, des formes à ordre ou au porteur pour les actes juridiques, comme aussi l'application faite en Droit civil par la loi du 18 juillet 1898, relative aux warrants agricoles, de l'institution des warrants d'abord spéciale au Droit commercial ? Tout cela n'est rien à côté de la réforme opérée par la loi du 1er août 1893 en autorisant une société quelconque à adopter la forme de la société par actions et en décidant que, du coup, quel que fût son objet, cette société serait « commerciale et soumise aux lois et usages du commerce » (1). Nous n'en dirons pas davantage sur ce point.

21. — Conclusion sur la nature spécifique du Droit commercial général. Opinion conforme de la jurisprudence. — De l'ensemble des considérations que nous avons fait valoir et des constatations que nous avons faites, il résulte qu'il serait profondément inexact de voir dans le Droit commercial général un « Droit d'exception », se ramenant à un ensemble de textes qui dérogeraient aux textes du Droit civil. Le Droit commercial n'est pas autre chose que le Droit privé s'adaptant chaque jour à la vie commerciale et aux transformations dont elle donne le spectacle. La jurisprudence est formellement en ce sens; elle ne connaît pas une limitation rigide des actes de commerce que des exégètes attardés sont seuls à défendre (2).

(1) Comp. Lyon-Caen, *De l'influence du droit commercial sur le droit civil.* Livre du centenaire du Code civil, 1904, tome I, p. 207 et s.

(2) La jurisprudence en est si peu pour cette limitation qu'un arrêt de la Cour de cassation du 12 juin 1907, S. 1913, 1, 234, a déclaré, même en ce qui concerne les actes de commerce objectifs principaux, s'en rapporter aux « constatations souveraines » des juges du fond pour décider si une opération est ou non commerciale. Précisant son système dans un arrêt du 30 juillet 1912, S. 1913, 1, 24, la Cour de cassation a décidé que si des opérations déterminées « ne sont pas nécessairement par elles-mêmes des actes de commerce, elles peuvent revêtir ce caractère à raison des circonstances et du but dans lequel elles ont eu lieu ». En d'autres termes, il faut dans chaque cas rechercher

Dès lors, les limites des domaines d'application respectifs du Droit civil et du Droit commercial sont flottantes et variables; plutôt elles n'existent pas. Mais

si au travers d'un acte quelconque prévu ou non par le Code de commerce, la notion de commerce est ou non en jeu dans la réalité. C'est ce que constatait l'annotateur anonyme de Sirey, 1918-19, 2, 83, à propos d'un arrêt de la Cour de Nimes du 22 juin 1917 dont il sera fait état plus loin et qui soulevait la question de l'influence d'une exploitation agricole sur la qualification d'une opération déterminée : « C'est là, écrivait-il, une question de mesure, qui peut être diversement appréciée par les tribunaux, suivant que le caractère spéculatif des opérations prédomine ou non, au point d'absorber ou tout au moins de réduire à peu de chose le facteur de production constitué par l'exploitation agricole. » Le principe posé par la jurisprudence étant ainsi nettement dégagé, essayons de montrer à l'aide de quelques décisions la portée qu'il revêt en pratique. — Le problème du caractère limitatif ou non de l'énumération de l'art. 632 C. co. s'est présenté pour la première fois, d'une manière principale à propos des entreprises d'assurances à prime. Aujourd'hui la difficulté n'existe plus, en fait, pour les entreprises postérieures à la loi du 1er août 1893, étant donné que ces entreprises constituent toujours pour ainsi dire des sociétés par actions. Mais même pour les entreprises antérieures, la jurisprudence a décidé qu'elles étaient commerciales, ainsi que nous l'avons indiqué, Cass. 5 février 1894. D. 94, 1, 134. Il ne pouvait en être autrement, quoique le Code ne les mentionne pas, car outre que l'art. 633 vise en droit maritime les assurances de mer, il s'agit là essentiellement, en fait, d'entreprises commerciales. Aussi la tendance de la jurisprudence en notre matière n'est-elle pas suffisamment caractérisée par sa décision relative aux assurances. Elle s'est beaucoup mieux révélée dans la suite à l'occasion d'espèces sur lesquelles on pouvait discuter. Tel est le cas des opérations de Bourse qui, si elles ne sont pas nécessairement par elles-mêmes des actes de commerce, peuvent revêtir ce caractère à raison des circonstances et du but dans lequel elles ont lieu. Cass. 30 juillet 1912, S. 1913, 1, 24; C'est là un exemple-type de la non-limitation des opérations civiles susceptibles de s'encastrer dans le droit commercial. Nous relèverons quelques autres décisions caractéristiques en ce sens. Un arrêt de la Cour de cassation du 12 juin 1907, S. 1913, 1, 234, a vu une exploitation commerciale dans le fait de la part d'un individu de se livrer à l'élevage et à la vente des poulets d'une race spéciale qu'il prétendait avoir créée, alors que cet individu était obligé d'acheter tout ce qui lui était nécessaire pour l'élevage et la nourriture desdits volatiles. Entrant résolument dans cette voie, à l'occasion d'une espèce beaucoup plus discutable, la Cour de Nimes, par un arrêt du 22 juin 1917, S. 1918-19, 2, 83, a considéré que faisait un acte de commerce

cela ne signifie pas que ces deux branches du Droit privé n'aient pas leurs fonctions propres. Nous ne connaîtrons véritablement celle du Droit commercial dans toute son étendue qu'en rappelant brièvement

l'individu qui achetait un troupeau de brebis en vue de la production des agneaux, quoique postérieurement à cet achat le berger ait loué un herbage en vue de nourrir son troupeau. D'après la Cour de Nîmes l'exploitation agricole n'est qu'un accessoire de l'exploitation du troupeau. — Ces décisions sont significatives. Pourtant on en rencontre d'autres plus symptomatiques encore dans le sens de notre conception de la portée du droit commercial, tels par exemple le jugement du Tribunal de commerce de la Seine du 28 mars 1912 et l'arrêt de la Cour de Paris du 9 mai 1913, S., 1920, 1, 57. Aux termes de ces décisions, la jurisprudence voit une entreprise de transports dans le seul fait par une personne de « faire circuler la voiture qui lui appartient » et « à l'occasion de la faire conduire par un tiers, dans le but essentiellement commercial de tirer en tout cas profit de la location de ladite voiture ». On conviendra que la notion d'entreprise est aperçue ici sous une forme singulièrement simplifiée et que les tribunaux ne sont pas éloignés d'admettre qu'un acte isolé de transport peut être considéré comme un acte de commerce, d'autant que le jugement du Tribunal de la Seine appuie sa décision sur ce que « la valeur du matériel employé est bien supérieure à la rémunération du travail personnel ». Il ne s'agit là encore une fois que de tendances vers une extension toujours plus grande du droit commercial, mais elles sont certaines. — Si des actes de commerce objectifs principaux on passe aux actes de commerce objectifs accessoires, lesdites tendances ne font que s'affirmer. Signalons à cet égard que d'après un arrêt de la Cour de Riom, du 20 novembre 1913, S., 1915, 2, 23, et la note de Wahl, un prêt « bien que consenti à un non-commerçant, revêt un caractère commercial, s'il a pour objet une opération commerciale susceptible de produire des bénéfices » et que le gage consenti au prêteur « pour la garantie de ce prêt revêt le même caractère ». De même, en ce qui concerne les actes de commerce subjectifs, la Cour de cassation coupant court désormais à toute controverse a décidé par un arrêt du 6 mars 1912, S., 1912, 1, 216, que le contrat de louage de services intervenu entre un commerçant et ses ouvriers est pour le premier un acte de commerce. — Notons, enfin, que la jurisprudence reconnaît de la façon la plus large les délits et les quasi-délits commerciaux, notamment sous la forme de faits de concurrence déloyale, Paris, 9 mai 1913, S., 1920, 2, 57, la note Appert et les références, de même que les quasi-contrats commerciaux, Cass., 11 juillet 1900, S., 1902, 1, 318. — Voir pour les législations étrangères un arrêt de la Cour de Cassation de Rome du 22 février 1912, S., 1912, 4, 24, qui admet la gestion d'affaires commerciales.

celle du Droit civil et en précisant son influence sur le développement du Droit commercial.

22. — L'influence du Droit civil sur le développement et l'interprétation du Droit commercial général (1). — L'intérêt pratique de cette question apparaît dans les hypothèses les plus variées; nous n'en mentionnerons que deux. Nous savons que plusieurs des rapports de droit régis par le Droit commercial sont en même temps régis par le Droit civil. Lorsque la réglementation du Droit commercial sera insuffisante, faudra-t-il se retourner vers le Droit civil ? A l'inverse, les rapports de droit inconnus du Droit civil et par conséquent exclusivement soumis, en principe, à l'empire du Droit commercial tombent-ils, en cas d'insuffisance de cette dernière réglementation, sous les directives du Droit civil, à titre supplétif? La réponse à notre question semblerait aller d'elle-même pour ceux qui voient dans le Droit commercial un Droit d'exception et dans le Droit civil le Droit commun; pour ces auteurs le Droit civil devrait, semble-t-il, mathématiquement s'appliquer dans le cas de silence du Code de commerce. Au contraire, avec notre conception, on serait tenté d'avancer que le Droit commercial doit trouver en lui une force organique lui permettant de faire face à tous les rapports nés de la vie commerciale.

Telle n'est pas pourtant la situation. Les partisans de la première thèse ne sont d'avis de recourir au Droit civil que si les usages du commerce sont impuissants à

______

(1) Nous ne nous occupons ici du domaine du Droit civil et du Droit commercial que dans l'état actuel des choses. Il est exact que le développement historique du Droit commercial a été indépendant de celui du Droit civil. Comp. Huvelin, *Revue de synthèse historique*, 1903, p. 72-73. Mais toute la question est de savoir si cette circonstance pèse à cette heure sur les rapports respectifs de ces deux branches du Droit privé.

compléter et à vivifier les textes (1). Nous estimons, à l'opposé, que le Droit civil préside d'une façon constante au développement du Droit commercial et même commande ce développement. Au fond cette divergence de vues s'explique. Les représentants de la première conception sont des exégètes qui hésitent à étendre des textes même de Droit civil en dehors du domaine que paraît leur avoir assigné le législateur en les renfermant dans un Code. En ce qui nous concerne, nous estimons, au contraire, que le Droit privé est un dans sa substance, qu'il trouve son expression générale dans le Droit civil et que le Droit commercial baigne par ses fondements dans le Droit civil, l'essence des rapports commerciaux n'étant pas différente de celle des rapports civils. L'élaboration, le développement et l'interprétation du Droit commercial ne peuvent donc pas être séparés de ceux du Droit civil. Déjà nous avons montré le Droit commercial réagissant sur le Droit civil par ses institutions spéciales; mais l'action du second sur le premier est bien plus efficace et plus générale.

23. — Montrons-le rapidement; ceci a une extrême importance. Dans ce but, la voie la plus simple est de placer la définition du Droit civil à côté de celle du Droit commercial antérieurement analysée. *Tout comme le Droit commercial, le Droit civil est un ensemble de règles de Droit privé et ces règles sont de deux sortes : 1° les règles relatives à la structure organique et au pouvoir d'action des personnes privées tant individuelles que collectives, tant physiques que morales; 2° les règles sous l'empire desquelles se déroulent les relations sociales issues de la vie de famille, de l'appropriation des richesses et de l'utilisation des services,*

---

(1) Comp. Boistel, *op. cit.*, nos 24 et 25, qui consacre d'assez longs développements à exposer ce point de vue.

issues d'une manière générale du conflit, ou, si l'on veut, de l'opposition des intérêts privés des diverses personnes en présence dans une société donnée (1).

Il suffit de jeter les regards sur cette définition pour s'apercevoir que, tant au point de vue organique qu'au point de vue rationnel, le Droit commercial fait corps avec le Droit civil, puisqu'il suppose à sa base les notions de rapport de droit privé, de personne, de richesse, de service, etc., qui trouvent dans le Droit civil une organisation complète; seul le Droit de famille n'a pas de contact avec le Droit commercial. Organiquement et rationnellement encore une fois, le Droit commercial est un dérivé, une émanation du Droit civil, au même titre que le Droit ouvrier.

23 *bis*. — Mais si cela est exact organiquement et rationnellement, cela n'est pas exact historiquement; Droit civil et Droit commercial ont eu dans le passé un développement indépendant sous l'influence de causes diverses qu'il n'y a pas lieu de rappeler ici (2). Seulement un événement s'est produit au début du xixe siècle, l'événement de la codification, qui a ramené le Droit commercial à la vérité organique et rationnelle. Déjà l'ordonnance sur le commerce de 1673 avait fait du Droit commercial un Droit écrit et un Droit national; le Code civil et le Code de commerce ont, conformément à la nature des choses, intégré en quelque sorte le Droit commercial dans le Droit civil.

Thaller a admirablement décrit ce phénomène. Il commence par noter que, par l'effet de la pénétration des institutions commerciales dans le Droit civil, une sorte de tranfusion du sang s'est produite. « Le Droit

(1) Pour de plus amples développements sur les éléments constitutifs et le domaine d'application du Droit civil, v. J. Bonnecase, *Revue générale du Droit*, 1920, p. 194-196 en note.

(2) Nous renvoyons sur ce point à l'étude précitée de Huvelin, *Revue de synthèse historique*, 1903, p. 72-73.

civil, écrit-il, a pratiqué depuis cent ans envers un grand nombre d'institutions commerciales une hospitalité poussée jusqu'au sacrifice de lui-même. Il a laissé le droit des négociants prendre un pied dans la maison; le droit des négociants en a bientôt pris quatre, et ce travail d'introduction d'éléments étrangers n'est point achevé, il se continue tous les jours... Il n'est pas douteux que le Code civil, par suite de l'infusion de ces éléments externes et adventices, ait altéré en partie son économie première et renoncé dans l'œuvre graduelle des réformes à ne prendre conseil que de lui seul. »

Des esprits simplistes, peu en contact avec la réalité, pourraient croire que cette constatation signifie une victoire complète du Droit commercial sur le Droit civil. Ce serait une erreur; c'est même l'erreur décisive de ceux qui s'acharnent à voir dans le Droit maritime comme dans le Droit commercial des branches du Droit privé libérées de toute sujétion envers le Droit civil.

« Ce tableau si exact soit-il, continue, en effet, Thaller, demande une contre-partie. Pour avoir pris contact avec la législation du commerce et rendu hommage à sa supériorité au point d'en accueillir souvent la teneur, la législation civile n'a ni abdiqué, ni à plus forte raison capitulé. Il y a eu de sa part prêté-rendu. On peut même se demander si, dans ce travail de communication réciproque, ce n'est pas le droit du commerce qui a le plus gagné des deux. Le Code civil et les lois qui, par phénomène d'alluvion, se sont jointes à lui, ont réalisé sur les relations commerciales une véritable hégémonie: après un siècle de fonctionnement, ce Code tient sous sa direction les catégories adonnées aux affaires avec la même puissance que les autres citoyens. Deux Codes statuent parallèlement, il est vrai. Ils s'adressent en apparence à deux clientèles respectives de justiciables. Mais ce n'est là qu'une vérité de surface. Rien ne peut effacer aujourd'hui le principe de l'unité du Droit privé, principe plus ferme qu'il y a cent ans et qui n'a pu le devenir qu'à la condition, par le Code civil, d'obliger le Code de commerce à se subordonner à lui... Maintenant, dans le début de notre xx⁰ siècle, cette subordination est encore beaucoup plus prononcée, non pas seulement à cause de la tendance de tout grand Etat à abolir les différences de droit qui existaient entre les classes, mais par un motif d'ordre technique. Le Droit civil a pris son ascendant sur le commerce en lui communiquant sa chaîne logique, sa méthode, ses cadres de démonstration; on est arrivé par là à donner plus de sécurité aux affaires, à mettre davantage les procès à l'abri de l'arbitraire... Sur toutes les relations pécuniaires des citoyens, le Droit civil exerce une direction dominante; il a construit et il tient en perpétuel remaniement une sorte de mécanisme des idées qui sert à actionner les rapports des commerçants comme ceux des autres hommes » (1).

24. — Le « particularisme » externe et le « particularisme » interne du Droit commercial terrestre. — Il est absolument nécessaire après nos développements antérieurs de préciser, au point de vue pratique, à quels résultats a abouti l'action du Droit civil sur le Droit commercial. Les auteurs se gardent de parler de « particularisme » pour désigner l'ensemble des différences du Droit civil et du Droit commercial. Pourtant, avons-nous dit, le terme de particularisme évoque essentiellement l'idée de différenciation. Par conséquent, si ce terme n'est pas trop fort, ce que

____

(1) Thaller, *De l'attraction exercée par le Code civil et par ses méthodes sur le Droit commercial*, Livre du centenaire du Code civil, 1904, t. I, p. 225 et s. Dans le même sens, Pardessus, *Origine et progrès de la législation commerciale*, dans *Cours de droit commercial*, 2ᵉ éd., 1821, t. I, p. 46; Vincens, *Exposé raisonné de la législation commerciale*, 1821, I, p. 10.

nous verrons plus loin, pour désigner au sein du Droit privé l'existence de caractères distinctifs entre les diverses disciplines y ressortissant, on ne voit pas pourquoi on ne l'appliquerait pas aussi bien au Droit commercial terrestre qu'au Droit commercial maritime.

25. — Cela étant, à quoi se ramènerait le particularisme externe du Droit commercial terrestre ? Comme on le sait, nous visons par particularisme externe ce que peuvent présenter de spécial les sources formelles des règles de Droit commercial et nous y joignons la méthode d'interprétation de ces règles. Or, il se trouve que, sous le rapport des sources formelles, le particularisme externe du Droit commercial terrestre est singulièrement réduit, sinon détruit. L'usage, jadis tout-puissant (1), a fait place, en principe, à la loi et à une loi impérative dans beaucoup de ses dispositions. Il convient, en effet, de remarquer que tous les textes relatifs à condition juridique du commerçant et du fonds de commerce, à la formation et au fonctionnement des sociétés commerciales, à la faillite, etc., sont d'ordre public. Par suite, tant du fait de l'existence du Code de commerce que du caractère de ses dispositions, le Droit commercial s'est identifié avec le Droit civil.

Si encore la méthode d'interprétation du Droit commercial était différente de celle du Droit civil, plus spécialement en ce qui concerne les dispositions interprétatives de volonté. Mais il n'en est rien. C'est là que le Droit civil fait sentir son influence d'une manière caractéristique. Pendant longtemps les tribunaux de commerce ont, suivant la formule consacrée, jugé « en équité ». « En 1804, quand paraît le Code civil, remarque Thaller, la ligne de partage entre le Droit commer-

---

(1) Sur les sources du Droit commercial dans le passé, comp. l'étude de Huvelin, *Revue de Synthèse historique*, 1903 et 1904.

cial et le Droit civil est des plus prononcées. La raison de cette séparation réside en partie, si l'on veut, dans un fait qui a subsisté, dans l'attribution à deux juridictions distinctes des procès relevant de l'un et l'autre de ces Droits. Mais il existe à l'opposition alors tranchée des deux législations un autre motif : elles sont appliquées à cette époque dans un esprit tout différent. Au commerce, on motive les décisions par des considérations de pure équité » (1). Seulement, de même que la suppression des amirautés devait influencer l'interprétation du Droit maritime dans le sens de l'interprétation civiliste, à beaucoup d'égards tout au moins, de même la subordination des tribunaux de commerce envers les cours d'appel et la Cour de cassation devait, plus spécialement en ce qui concerne le Droit commercial terrestre, faire pénétrer la formation civiliste, ou en tout cas l'interprétation civiliste, dans les décisions de la juridiction commerciale (2).

Il est vrai qu'à côté de la loi se trouve subsidiairement ou parallèlement l'usage comme source formelle du Droit commercial. Mais, à le bien prendre, l'usage n'est que la physionomie revêtue par l'application au Droit commercial de la doctrine de l'autonomie de la volonté ou encore du principe de la liberté des conventions. A la différence de la coutume, l'usage n'est que « la clause tacite, sous-entendue dans une convention, par laquelle les parties règlent leurs rapports suivant la pratique établie » (3). Mais il ne faut pas croire que le « particularisme » externe du Droit commercial terrestre se trouve très renforcé du fait de l'influence de l'usage, car, suivant une très juste remarque, le Droit civil n'est pas hostile à l'usage; l'art 1135 du Code civil

(1) Thaller, *Livre du centenaire du Code civil*, t. I, p. 230.
(2) Sur cette question, v. Thaller, *Livre du centenaire du Code civil*, t. I, p. 225-243.
(3) Thaller, *Traité*, n° 49.

en est à lui seul la preuve; « c'est par son système plus rigoureux de preuves que le Droit civil limite surtout le recours possible à l'usage » (1).

26. — Bref, le « particularisme » externe du Droit commercial terrestre est en quelque sorte inexistant. En est-il de même de son « particularisme » interne, tel que nous l'avons antérieurement défini ? Nous serons très bref sur ce point, étant donné nos développements sur les rapports de droit, que régit le Droit commercial, et son domaine d'application. Commençons par remarquer que la forme du « particularisme » interne consistant dans l'existence d'institutions originales dues à des rapports de droit rigoureusement spéciaux au commerce est très atténuée, ainsi qu'on peut s'en rendre compte par le nombre limité des opérations juridiques commerciales, qui n'ont pas leur pendant dans le Droit civil. Il faut, en effet, noter que la faillite qui, en France, se trouve cantonnée dans le Droit commercial est, avant tout, une procédure d'exécution. C'est donc la seconde forme du « particularisme» interne, celle consistant dans une réglementation spéciale d'opérations juridiques rentrant parallèlement sous l'empire du Droit civil, qui prévaut en Droit commercial terrestre. Du coup, c'est un « particularisme » nécessairement affaibli. Voyons plutôt.

Les deux premiers ordres de matières qui constituent le domaine d'application du Droit commercial :

---

(1) Thaller, *Traité*, p. 44 en note. Sur la différence de la coutume et de l'usage, comp. Lambert, *Etudes de droit commun législatif*. La fonction du droit civil comparé, Paris, 1903, Valette, *Du rôle de la coutume dans l'élaboration du droit privé positif actuel*, th. Lyon, 1907; Hériard-Dubreuil, *Le problème de la coutume juridique et les usages conventionnels en droit privé moderne français, allemand, anglais*, Bordeaux, 1903, et surtout : Gény, *Méthode d'interprétation et sources en droit privé positif*, 2ᵉ éd., Paris, 1919; Escarra, *Valeur juridique de l'usage en droit commercial*, *Annales de droit commercial*, 1916.

d'une part, la notion et la condition juridique du commerçant, d'autre part, la notion et la condition juridique du fonds de commerce reposent sur le Droit des personnes et le Droit des biens en Droit civil. *A fortiori*, la notion et la réglementation des actes de commecre et des entreprises trouvent-elles leur fondement dans le droit des obligations; rappelons à cet égard l'article 1107 : « Les contrats, soit qu'ils aient une dénomination propre, soit qu'ils n'en paient pas, sont soumis à des règles générales qui sont l'objet du présent titre. Les règles particulières à certains contrats sont établies sous les titres relatifs à chacun d'eux; et les règles particulières aux transactions commerciales sont établies par les lois relatives au commerce ». Au surplus, ce n'est pas là un texte isolé; car l'article 18 du Code de commerce maintient le principe de l'emprise du Droit civil sur le Droit commercial, même en ce qui concerne les sociétés commerciales, qui pourtant paraîtraient au premier abord être totalement étrangères à la vieille conception de la société civile, ainsi que nous l'avons antérieurement indiqué. « Le contrat de société, y est-il dit, se règle par le Droit civil, par les lois particulières au commerce et par les conventions des parties. » Le Code du travail et de la prévoyance sociale, soi-disant émané de la conception d'un prétendu droit social s'opposant à celle d'un droit individualiste représentée par le Code civil, devait nous réserver des surprises plus grandes encore, puisqu'il est déclaré dans l'article 19 notamment : « Le contrat de travail est soumis aux règles du droit commun » (1).

---

(1) Il est bon de noter que ce n'est pas là un fait spécial à la France. On l'a bien vu en Allemagne au lendemain de la promulgation du Code civil. Le Code de commerce de 1861-65 renfermait des règles d'ordre général, c'est-à-dire la théorie des obligations. Ces règles préparaient en quelque sorte, malgré elles, l'avènement du Code civil;

27. — Tout cela est un dérivé de la même constatation. Le Droit civil constitue la substance du Droit privé et en commande toutes les manifestations, qu'il s'agisse du Droit commercial terrestre ou du Droit ouvrier. Il serait donc excessif de parler du « particularisme » du Droit commercial terrestre en attachant à ce terme le sens d'une discipline indépendante, voire autonome, au sein du Droit privé. Mais il n'est pas moins excessif de parler dans le même sens du « particularisme » du Droit commercial maritime. Nous allons le démontrer maintenant très aisément avec toutes les conséquences pratiques en résultant. On verra du coup que les longs développements auxquels nous nous sommes livrés, loin d'être surabondants, étaient nécessaires pour éclairer la situation et justifier notre but.

cela est si vrai que, dès le lendemain de la promulgation du Code civil, il fallut faire disparaître ces règles comme faisant double emploi avec le Code civil, et c'est ainsi qu'en définitive un nouveau Code de commerce fut promulgué le 10 mai 1897 (Voir, pour plus de développements sur ce point d'histoire extrêmement intéressant à notre point de vue, Cosack, *Traité de droit commercial*, traduction Mis, 1904, tome 1, p. 30-31.) Dernburg alla même jusqu'à proposer à cette occasion la rédaction d'un Code unique dans lequel s'absorberaient le Code civil et le Code de commerce. Mais il ne faut pas se faire trop d'illusions sur la portée de l'unification du droit privé, dont Vivante en Italie s'est fait l'éloquent protagoniste (*Traité de droit commercial*, traduction Escarra, 1910, tome 1, p. 1 et s.). Le Code civil suisse de 1907 et le Code revisé des obligations de 1911 qui y a été inclus sont là pour attester que l'unité du droit privé ne peut pas être absolue et que même inclus dans le Code civil le Droit commercial y conserve sa physionomie propre. L'unification est surtout dans la forme. Le Droit commercial s'encastre bien dans le Droit civil, mais il n'en constitue pas moins une branche du Droit privé dont l'existence propre s'impose à raison de son but; elle se greffe sur le tronc du Droit civil, mais s'en détache par ses floraisons.

SECTION III

LES ÉLÉMENTS CONSTITUTIFS DU DROIT COMMERCIAL MARI-
TIME ET SON DOMAINE D'APPLICATION. LA SPHÈRE D'IN-
FLUENCE DU DROIT COMMERCIAL GÉNÉRAL ET DU DROIT
CIVIL PAR RAPPORT AU DROIT COMMERCIAL MARITIME.

28. — Les éléments constitutifs du Droit commercial maritime. — Envisagé d'un point de vue descriptif et sommaire dont nous établirons le bien-fondé, le Droit commercial maritime se présente, d'après nous, comme une fraction du Droit commercial général; il est constitué par un ensemble de règles de droit privé et d'institutions de même nature relatives à la navigation maritime et se différenciant de la manière suivante : une première catégorie de ces règles et institutions fixe la condition juridique des personnes prenant part à la navigation maritime. Une seconde catégorie détermine la condition juridique des navires qui sont l'instrument de ladite navigation; à cet effet, le navire est successivement considéré en lui-même, c'est-à-dire au regard de la division des biens, puis sous le rapport des droits dont il peut être affecté, et enfin sous l'angle des voies d'exécution dont il est susceptible. Une troisième catégorie des règles et institutions du Droit maritime précise et coordonne les rapports de droit dont ces navires pris en eux-mêmes ou leur exploitation commerciale sont soit l'objet direct, soit simplement l'origine ou le moyen. Synthé-tisant dans une formule cet exposé analytique, nous définirons donc le Droit commercial maritime de la manière suivante : *L'ensemble des règles et institu-tions de Droit commercial auxquelles se trouve assu-jettie la navigation maritime considérée au point de vue tant de la condition juridique des personnes y pre-*

*nant part et de celle des navires qui en sont l'instru-
ment, que des rapports de droit dont ces navires pris
en eux-mêmes ou leur exploitation commerciale sont
soit l'objet direct, soit simplement l'origine ou le
moyen.*

29. — Cette définition renferme une première et
grave affirmation; l'affirmation que le Droit commercial maritime est une fraction du Droit commercial
général, ou plus exactement qu'il constitue avec le
Droit commercial terrestre le Droit commercial général.
Ce point de départ entraîne la position de plusieurs
questions et aussi plusieurs déductions. Partie intégrante du Droit commercial, le Droit commercial maritime est de ce fait une partie intégrante du Droit
privé et, du coup, deux questions surgissent : quels
sont les rapports du Droit commercial maritime et du
Droit civil ? Le Droit commercial maritime constitue-
t-il à lui seul tout le Droit privé maritime ou, au contraire, existe-t-il à côté et au-dessus de lui un Droit
privé maritime de portée plus générale ?

On comprend l'importance de ces questions; c'est
de leur solution que dépend en grande partie l'existence ou la non-existence d'un particularisme du Droit
maritime. Mais on ne peut aboutir à une solution
ferme que par l'analyse du contenu de la définition
donnée par nous du Droit maritime; l'exposé descriptif dont nous avons fait précéder cette définition ne se
suffit pas à lui-même.

30. — Le Droit commercial maritime est, en premier lieu, constitué par un ensemble de dispositions
de Droit privé dérivées de la nécessité de réglementer
la navigation maritime. Qu'entendre par navigation
maritime ? Nous verrons le problème posé de ce chef
à propos du domaine d'application du Droit commercial maritime; il suffit pour l'instant d'indiquer que
la navigation maritime figure au nombre des éléments
constitutifs essentiels du Droit commercial maritime.

31. — En second lieu, celui-ci fixe la condition juridique des personnes qui prennent part à la navigation maritime; le Droit commercial maritime est, en d'autres termes, pour partie un Droit professionnel; à l'image du Droit commercial terrestre, d'ailleurs, il ne régit pas que des opérations juridiques, autrement dit des rapports de droit; il renferme le statut de ceux qui sont sujets de ces rapports de droit et qui à raison de cette fonction acquièrent une profession déterminée, d'où découlent des droits et des obligations spéciaux; tels sont : l'armateur, le courtier maritime, le consignataire du navire et de la cargaison, l'assureur maritime, le capitaine, les gens de mer en général. Seulement il est à noter que les règles du Droit commercial maritime relatives aux professions maritimes sont, en ce qui concerne surtout certaines de ces dernières, étroitement unies aux dispositions du Droit administratif maritime.

32. — En troisième lieu, le Droit commercial maritime détermine la condition juridique des navires. La condition juridique du navire, c'est-à-dire le navire considéré sous l'aspect du Droit, ou encore la situation faite au navire en tant que bien et au regard des diverses catégories de biens suppose, pour être étudiée complètement, la distinction de divers ordres d'idées: 1° la place du navire dans la catégorie des biens, ses traits caractéristiques à cet égard. Ce point de vue conduit à examiner: la notion juridique du navire, les traits caractéristiques du navire envisagé comme un bien, l'existence d'une valeur quasi-légale ou quasi-officielle des navires du fait des sociétés de classification de navires, l'individualisation et la nationalité des navires; 2° l'appropriation des navires dans le sens général du terme, c'est-à-dire les droits réels et les droits assimilés aux droits réels quant à leurs résultats, dont le navire est susceptible d'être frappé. C'est l'existence de ces droits qui traduit l'appropriation du navire au regard de personnes déterminées: droit de propriété, droit d'usufruit, hypothèque, gage, auxquels il faut joindre, sans préjuger de la nature du droit et comme aboutissant pour leur titulaire à des résultats analogues à ceux du droit réel, les privilèges sur le navire et le droit de suite des créanciers chirographaires. Tous ces droits traduisent la condition juridique du navire en ce sens que, du fait de la nature du navire préalablement déterminée, les droits dont s'agit prennent une physionomie particulière, quand ils ne sont pas, tout au moins dans leur origine, spéciaux au droit maritime, comme c'est le cas du droit de suite du créancier chirographaire; 3° les voies d'exécution dont le navire est susceptible. Cet ordre d'idées a également trait à la condition juridique du navire, car il a fallu adapter les voies d'exécution du droit commun à la nature du navire.

33. — Le Droit commercial maritime commande et règlemente, en quatrième lieu, les rapports de droit dont le navire considéré en lui-même est l'objet direct. Le navire pris en lui-même est tout d'abord l'objet direct des rapports de droit que sont les droits réels ou assimilés dont il a été précédemment question. Ces droits peuvent être envisagés en conséquence sous le double aspect de la condition juridique du navire qu'ils contribuent à fixer et de la notion de rapport de droit, dont le navire pris en lui-même est l'objet direct. Mais le navire ainsi considéré est ensuite l'objet direct de rapports de droit se traduisant par des liens contractuels, tels ceux découlant du contrat de construction du navire et de la vente du navire.

34. — Le Droit commercial maritime embrasse, en cinquième lieu, les rapports de droit dont l'exploitation commerciale du navire est le but immédiat.

Il s'agit en ce cas des rapports de droit dont, non plus
le navire pris en lui-même, mais son exploitation
commerciale est l'objet direct. Au nombre de ces rapports de droit se placent, en première ligne, ceux dérivant du contrat d'affrètement, qui, indépendamment
de l'exploitation commerciale du navire, engendre,
nous le verrons, le crédit documentaire, grâce au
connaissement combiné avec les ventes maritimes. A
côté du connaissement il faut ranger l'assurance maritime sans laquelle la propriété des navires et leur
exploitation commerciale seraient de vains mots. Sans
doute pourrait-on concevoir l'assurance sur corps
comme un contrat dont le navire est l'objet direct;
mais c'est en vue de l'exploitation commerciale du
navire qu'on assure celui-ci au même titre que les
marchandises. L'affrètement et l'assurance sont en
somme le point central autour duquel se déroule le
Droit maritime tout entier.

35. — Le contenu de la définition du Droit maritime
n'est pas de la sorte épuisé. Celui-ci régit encore des
rapports de droit toujours dérivés de la navigation maritime, mais dont les navires ou leur exploitation commerciale sont simplement l'origine au lieu d'en être l'objet
direct. Ces rapports de droit sont les suivants : 1° ceux
découlant du contrat d'engagement des gens de mer,
à l'occasion duquel se présente nécessairement l'institution de l'inscription maritime, qui est d'ordre administratif; 2° les rapports dérivant de la réglementation
des avaries communes et des avaries particulières;
3° les rapports découlant de la réglementation de
l'abordage et de l'assistance en mer; 4° le prêt maritime, plus spécialement l'ancien prêt à la grosse

Il suffit de peu de réflexion pour s'apercevoir de la
vérité de notre formule pour classer tous ces rapports
de droit; ils ont bien pour origine le navire ou son
exploitation commerciale; si nous avions voulu être

tout à fait précis nous aurions pu substituer le terme : cause, au terme : origine, et ajouter que le navire et son exploitation commerciale faisaient office à l'égard de ces liens juridiques tantôt de cause efficiente et tantôt de cause finale. Etant donné le but de notre étude, il est inutile d'insister plus longuement sur ce point.

36. — Enfin le Droit maritime embrasse des rapports de droit vis-à-vis desquels le navire et son exploitation commerciale font office de simples moyens de réalisation matérielle. Nous visons par là les ventes maritimes, plus spécialement la vente caf, la vente sur embarquement et la vente par navire désigné. Ces opérations n'ont pas pour objet direct le navire et son exploitation commerciale; ceux-ci n'en sont pas davantage l'origine. Il s'agit simplement d'opérations dont l'objectif est atteint par le moyen de la navigation commerciale. Ce moyen leur donne leur originalité et leurs caractères propres vis-à-vis des ventes ordinaires. Pour partie, avons-nous dit, et par leur combinaison avec l'affrètement et l'assurance maritime, les ventes maritimes ont donné naissance au crédit documentaire.

37. — **Le domaine d'application du Droit commercial maritime.** — Ce domaine découle de l'énumération même des éléments spécifiques renfermés dans la définition du Droit maritime, telle que nous venons de l'analyser. Il n'apparaît pas néanmoins suffisamment de lui-même; à l'image de ce qui a été fait pour le Droit commercial terrestre, il s'agit de choisir parmi ces éléments ceux qui décident du champ d'action du Droit maritime.

38. — Le domaine d'application du Droit commercial maritime se détermine à l'aide de quatre éléments.

39. — Il comprend, en premier lieu, un certain nombre de rapports et d'actes juridiques que l'on qua-

lifie généralement d'actes de commerce maritimes.
Nous venons, à l'occasion de la délimitation du Droit
commercial maritime, d'énumérer ces rapports sur la
base approximative de l'article 633 du Code de commerce. De ce chef, comme le Droit commercial terrestre, le Droit commercial maritime est objectif. Mais
précisément pour cette raison, trois questions se posent
à propos de l'art. 633, dont la solution est singulièrement importante pour la détermination du domaine
d'application du Droit maritime.

40. — La première question consiste à se demander
si l'art. 633 doit être interprété restrictivement. C'est
la difficulté correspondant à celle déjà étudiée à propos de l'art. 632. L'art. 633 ne fait allusion ni aux
rapports issus de l'avarie commune, ni à ceux prove-
nant de l'abordage et de l'assistance en mer, ni aux
actes de commerce accessoires et subjectifs, ni en général aux faits juridiques commerciaux d'ordre maritime. Il est vrai qu'à la rigueur on peut soutenir que
tout cela est englobé dans le terme : expéditions maritimes. Quoi qu'il en soit, avarie commune, abordage
et assistance en mer rentrent sans conteste possible
dans le domaine du Droit maritime; il est évident du
même coup que celui-ci régit des rapports issus non
seulement des actes juridiques, mais aussi de faits
juridiques en général, l'abordage, l'assistance en mer
et l'avarie commune étant essentiellement des faits
juridiques. Cela est si vrai que la pratique maritime
actuelle, confirmée par la jurisprudence, a une très
forte tendance à substituer la responsabilité délictuelle
à la responsabilité contractuelle, marquant ainsi la
place et la fonction du fait juridique dans le domaine
du Droit maritime (1). Même solution pour les actes

____

(1) Nous signalerons à ce sujet la portée des clauses d'irresponsabilité des fautes de l'armateur, qui, aux termes de la jurisprudence, ont

de commerce accessoires et les actes subjectifs. Au surplus, en ce qui les concerne, l'art. 633 suffit, même interprété littéralement, à éviter toute discussion ; car, après avoir parlé des assurances, il répute actes de commerce maritimes tous « autres contrats concernant le commerce de mer », ce qui comprend aussi bien les actes objectifs accessoires que les actes subjectifs. Bref, l'art. 633 comporte relativement au commerce maritime, quant aux rapports de droit par lesquels celui-ci se manifeste, la même étendue que l'article 632 pour le commerce terrestre.

41. — Mais une seconde question se pose sur l'article 633. Les opérations visées par ce texte sont-elles nécessairement commerciales pour toutes les parties? Autrement dit, le Droit commercial maritime comporte-t-il des actes de commerce mixtes? On aperçoit immédiatement la conséquence d'une réponse écartant les actes mixtes. Le Droit maritime tranchera sur le Droit commercial terrestre pour se rapprocher de législations étrangères, telles que la législation allemande et la législation italienne, qui rejettent d'une manière plus ou moins absolue l'acte mixte (1).

pour effet de placer les parties sur le terrain de la responsabilité délictuelle, la responsabilité contractuelle étant exclue. Sur la question, comp. Ripert, tome II, p. 269 et s. Ce n'est là, d'ailleurs, qu'un aspect d'un phénomène plus général qui se retrouve en droit commercial terrestre et en droit civil. Tandis que longtemps on a considéré les responsabilités délictuelle et contractuelle comme s'excluant à l'occasion d'un même fait (Ferron, note dans Sirey, 1911, 1, 105; Perroud ibid., 1911, 1, 105; Bonnet, *Revue critique*, 1912, 418), la jurisprudence admet aujourd'hui que les deux responsabilités peuvent à l'occasion d'un même fait exister parallèlement, se superposer l'une à l'autre ou se substituer l'une à l'autre, voir les références dans Hugueney, note sous Cass., 27 nov. 1911, S., 1913, 1, 113; voir également sur ce point la note de M. Ripert sous diverses décisions de 1919 et de 1920, D. 20, 1, 33.

(1) Vivante (*op. cit.*, tome I, p. 209-211) s'exprime ainsi en ce qui concerne le Droit italien · « Le système qui soumettait le même acte à deux lois différentes conduisait à des contradictions dans les déci-

Remarquons toutefois avant de discuter le fond du problème que sa solution ne présente pas, en fait, la

sions, à d'injustes différences entre les plaideurs; il faisait dépendre le choix de la loi de leur situation dans la procédure et par conséquent abandonnait souvent à leur mauvaise foi la validité et les effets de l'acte. L'unité de contrat exigeait qu'il fût gouverné par une loi unique (ce système avait déjà été admis pour régler les actes accomplis par des citoyens de nationalité différente) et conformément à la tendance que l'on avait d'étendre la sphère d'action de la loi commerciale, celle-ci fut imposée à tous ceux qui prennent part à un acte de commerce. Par conséquent, d'après le système en vigueur, l'unité de l'acte unit tous les contractants en face de la même loi et du même juge. Cette règle vaut aussi bien si l'acte est objectivement commercial que s'il l'est subjectivement, aussi bien si celui contre qui est intentée l'action est commerçant que s'il n'est pas commerçant et ne peut même pas le devenir comme c'est le cas de l'Etat. Elle vaut également quand la majorité des contractants a stipulé un acte civil et quand celui pour qui l'acte est commercial n'est pas mis en cause; car la règle n'a pas seulement une portée procédurale, mais elle a la valeur d'une règle de fond; si elle n'avait qu'une portée procédurale, il n'eût pas été nécessaire d'ajouter à la disposition de l'art. 870 celle de l'art. 54. Ainsi les litiges entre l'assuré et le bénéficiaire d'une police d'assurance sur la vie sont soumis à la loi commerciale, encore que la compagnie d'assurances, la seule pour qui l'acte a été commercial, ne soit pas en cause... Si l'action intentée par le commerçant, ajoute Vivante, n'a pas son origine dans un contrat, l'art. 54 n'a plus aucune prise. Si, par exemple, le commerçant réclame d'un tiers le remboursement d'un paiement d'indû, la réparation d'un dommage, l'unique obligation qui en dérive est civile. La circonstance entièrement fortuite que le créancier est un commerçant ne peut altérer la condition juridique de celui avec lequel il n'a pas contracté. Il n'y a pas ici un contrat qui puisse forcément ramener le créancier sous l'empire d'une loi commune : il n'y a pas de danger qu'on se contredise en appréciant les obligations corrélatives naissant d'un rapport juridique unique parce qu'il n'y a ici qu'une seule obligation, celle du défendeur ». Cosack (*op. cit.*, t. I, p. 37), déclare à son tour au sujet du Droit allemand : « En principe, il suffit pour qu'il y ait matière commerciale qu'une seule des personnes comprises dans l'état de cause ait la qualité de commerçant, que par suite l'état de cause, pour une seule des parties, rentre dans le cadre des actes de commerce. Le Droit commercial n'est donc pas limité aux relations de commerçant à commerçant, mais s'applique aussi aux relations des commerçants avec le public non-commerçant : lorsque commerçant et non-commerçant concluent entre eux des affaires, le droit commercial s'applique aux deux parties. Seule une minorité de règles cons-

même importance que celle que revêtirait l'absence d'actes mixtes en Droit commercial terrestre, les opérations maritimes mettant généralement en jeu des professionnels du commerce maritime; n'empêche que la question, on va le voir, n'est pas sans intérêt pratique.

Au premier abord, il peut paraître singulier que le législateur ait établi implicitement une différence de cette nature entre les articles 632 et 633 du Code de commerce. Pourtant l'affirmative a pour elle des auteurs éminents. « L'affirmative, écrit M. Ripert, semble bien résulter de l'art. 633 du Code de commerce qui répute le contrat acte de commerce sans distinguer si la personne qui contracte avec l'armateur est ou non commerçante. L'art. 633 n'a pas été écrit pour donner une solution qui résulte déjà des principes généraux, il signifie quelque chose de plus, c'est que les actes énumérés ont le caractère commercial même pour la personne engagée qui n'est point commerçante. » (1). MM. Lyon-Caen et Renault sont dans le même sens (2).

titue une exception et suppose un état de cause auquel des deux côtés des commerçants prennent part. » Nous donnons tout au long les citations de Vivante et de Cosack pour en tirer argument plus loin en notre faveur.

(1) Ripert, tome I, p. 704.

(2) On a prétendu, déclarent ces auteurs, au sujet de l'affrètement, que pour que ce contrat soit commercial au regard de l'affréteur, il doit se rattacher au commerce de celui-ci : « Il résulterait notamment de là que le commerçant qui fait transporter des marchandises par mer fait acte de commerce, mais qu'au contraire la personne qui traite avec un fréteur pour le transport de ses meubles meublants ne fait pas acte de commerce. En ce sens, on s'est prévalu de ce que l'art. 633 *in fine* déclare comprendre parmi les actes de commerce *tous autres contrats concernant le commerce de mer*. Il est plus exact de considérer le contrat d'affrètement comme acte de commerce pour l'affréteur dans tous les cas. L'article 633 parle de l'affrètement sans faire aucune distinction. Quant à la disposition finale du même article, elle est favorable, en réalité, à notre opinion. L'affrètement

B.   5

Comme, on le verra, la jurisprudence consacre la solution contraire (1), ces trois auteurs déplorent la conséquence en résultant au point de vue du partage de compétence entre le tribunal de commerce et le tribunal civil. « Cette jurisprudence, écrit Ripert, a le grand inconvénient de diviser la connaissance des affaires maritimes entre le tribunal de commerce et le tribunal civil. Elle paraît bien méconnaître le but et la portée de l'article 633 du Code de commerce. Si le législateur vise spécialement les opérations du commerce maritime, c'est qu'il veut réserver la connaissance complète de ces affaires aux juges consulaires devenus les successeurs des juges d'amirauté. » (2). « Avec ce système, déclarent à leur tour Lyon-Caen et Renault, l'affréteur non commerçant ne pourrait être actionné que devant le tribunal civil et l'on méconnaîtrait ainsi le besoin si grand de rapidité qui existe dans les affaires maritimes. » (3).

42. — L'opinion de MM. Ripert, Lyon-Caen et Renault n'a pas été consacrée par la jurisprudence, avec raison selon nous.

Notons, en premier lieu, que la nécessité d'une solution rapide invoquée par MM. Lyon-Caen et Renault existe pour les litiges ressortissant au Droit commercial terrestre au même titre que pour ceux relevant du Droit maritime. Le Droit commercial terrestre ne repose-t-il pas tout entier pour partie sur le besoin de faciliter la conclusion et de simplifier le mécanisme des opérations juridiques commerciales ? L'existence d'actes de commerce mixtes est donc pour lui une entrave; elle est pourtant indiscutable et indiscutée.

concerne toujours le commerce de mer pour le fréteur tout au moins. Cela doit suffire pour faire reconnaître le caractère commercial même à l'égard de l'affréteur. Lyon-Caen et Renault, *Traité*, t. I, n. 158.

(1) Il sera fait état de cette jurisprudence plus loin.
(2) Ripert, t. I, p. 705.
(3) Lyon-Caen et Renault, *Traité*, t. I, n° 158.

On ne voit pas comment, tacitement, le législateur aurait banni l'acte de commerce mixte du Droit maritime sur cette simple idée du besoin de rapidité de la procédure maritime. Nous ne croyons pas davantage, contrairement à l'avis de M. Ripert, que le législateur ait voulu réserver la connaissance complète des affaires maritimes aux juges consulaires sous prétexte qu'ils seraient les successeurs directs des amirautés; il nous paraît, au contraire, que l'attribution aux tribunaux de commerce du contentieux des opérations maritimes, concurremment avec celui des opérations du commerce terrestre, est nettement le résultat d'un courant d'opinion défavorable à des tribunaux spéciaux, tels les amirautés ou juridictions assimilées, desquels relèverait le contentieux maritime. Les travaux préparatoires du Code de commerce sont, sans aucun doute possible, en ce sens (1); on a voulu fondre comme

---

(1) Il suffit de parcourir pour s'en convaincre les développements donnés par Locré dans son *Esprit du Code de commerce*, au sujet du commentaire de l'art. 633, concernant ce qu'il appelle les « affaires relatives à la navigation intérieure et extérieure ». « Les lois relatives à cette matière, dit-il, se divisent naturellement en trois espèces; les unes organisent l'administration publique; les autres statuent sur la police de la mer, des ports et arsenaux, des rivières; d'autres enfin règlent le contentieux... L'exécution et l'application de toutes ces lois étaient originairement confiées aux amirautés quant au civil et quant au criminel. L'art. 7, titre XII de l'ordonnance de 1673 leur ôta la connaissance *des différends à cause des assurances, grosses aventures, promesses, obligations et contrats concernant le commerce de mer, le fret et le naulage des vaisseaux*, pour la donner aux juges et aux consuls. Mais cet article ne fut qu'un moment en vigueur; deux arrêts du Conseil, l'un du 28 juin 1673 et l'autre du 23 juillet suivant, en suspendirent l'exécution. Un troisième arrêt du 13 avril 1679 et ensuite l'art. 2, tit. II, liv. 1er de l'ordonnance de 1681 l'abrogèrent. La loi du 4 août 1790 le rétablit en attribuant aux tribunaux de commerce *toutes les affaires de commerce de terre et de mer*. Cependant les amirautés continuèrent de subsister provisoirement et conservèrent leurs autres attributions jusqu'à la loi du 13 août 1791, qui les supprima et qui, développant la disposition de la loi du 24 août, décida de nouveau que *les tribunaux de commerce connaîtraient, dans*

étant identiques le contentieux commercial terrestre et le contentieux maritime. L'idée est, d'ailleurs, ancienne; l'ordonnance de 1673 avait déjà essayé de la réaliser.

l'étendue de leurs districts respectifs ou dans l'arrondissement prescrit, de toutes affaires de commerce de terre et de mer en matière civile seulement et sans y comprendre, quant à présent, la compétence pour les prises. La même loi investit les tribunaux de commerce du droit de prononcer sur les suites des faits de la mer sous le rapport des intérêts commerciaux, ce qui achevait de leur donner tout le contentieux, les prises exceptées. Enfin, la loi du 12 février 1793, décida que *le jugement des contestations qui pourraient s'élever soit sur la validité, soit sur la liquidation et distribution, soit sur tout autre objet relatif aux prises faites par les vaisseaux de l'Etat ou par des corsaires sur les ennemis de l'Etat, serait provisoirement attribué aux tribunaux de commerce des lieux où ces prises auraient été amenées.* Mais cette loi fut abrogée par celle du 18 brumaire an II, laquelle portait : *La Convention nationale, après avoir entendu le rapport de son comité de salut public, décrète que toutes les contestations nées et à naître sur la validité ou invalidité des prises faites par les corsaires, seront décidées, par voie d'administration, par le Conseil exécutif provisoire. Le décret du 14 février 1793, qui attribue le jugement de ces matières aux tribunaux de commerce est rapporté.* Depuis, la connaissance des prises fut de nouveau attribuée aux tribunaux de commerce. Tel était l'état de choses lorsqu'on s'est occupé du Code de commerce. On avait à choisir entre les deux systèmes : celui de l'ordonnance qui avait réuni en un même corps de lois toutes les dispositions relatives à la marine et en avait confié exclusivement l'exécution aux amirautés; celui qui était en vigueur et qui, séparant le contentieux des deux autres matières, l'avait attribué aux juges de commerce, en réservant toutefois les prises à un tribunal particulier. La commission adopta ce dernier. C'est le système que l'art. 633 admet ». Locré, *Esprit du Code de commerce,* t. VIII, p. 227-282. Nous avons à dessein reproduit tout cet historique de l'art. 633 parce qu'il démontre sans aucun doute possible et l'ancienneté de l'idée de la fusion du contentieux du commerce terrestre avec celui du commerce maritime et la consécration de cette idée par l'art. 633; cette fusion ne peut avoir d'autre fondement que l'identité même de la nature spécifique des actes de commerce terrestres et des actes de commerce maritimes. C'est là un point capital à nos yeux. Il est extrêmement curieux de constater qu'en dehors des prises, l'Ancien Droit avait songé à enlever le contentieux des opérations maritimes aux amirautés. Comment soutenir, dans ces conditions, surtout après les nombreuses lois précitées de l'époque intermédiaire, que le Code de commerce ait voulu s'inspirer du souvenir des Amirautés pour fixer le domaine d'application du Droit commercial maritime ?

C'est même là une des raisons de la rédaction de l'article 633 du Code de commerce sur laquelle discutent les auteurs, mais ce n'est pas la seule. De même qu'à l'occasion du commerce terrestre, le législateur avait eu à décider si les opérations juridiques par lesquelles il se manifeste seraient des actes de commerce à titre isolé ou sous la condition qu'elles se rattacheraient à une entreprise, de même il devait préciser son intention à cet égard en ce qui concerne le commerce maritime ; encore une fois cette distinction de l'acte de commerce simple et de l'entreprise a été capitale dans l'esprit des rédacteurs du Code de commerce comme elle l'est dans la réalité des faits (1).

Nous ne reviendrons pas à cet égard sur nos explications antérieures et sur la portée pratique de la notion d'entreprise au regard de l'acquisition de la qualité de commerçant par rapport à l'acte de commerce simple. Nous y reviendrons d'autant moins qu'il n'est pas sérieusement contestable que l'article 633 soit le simple prolongement de l'article 632. « La loi répute pareillement actes de commerce » déclare le texte ; cela est si vrai que l'article 633 n'est pas exclusivement relatif au commerce maritime et englobe, dans son énumération, des opérations commerciales terrestres, telles que les entreprises de construction et les achats, ventes et reventes de bâtiments de rivière. Nous ne sommes pas suspect d'obéissance envers les méthodes et la doctrine de l'Ecole de l'Exégèse (2) ; mais ce

(1) Nous l'avons antérieurement démontré, sur la base des développements de Locré. La notion d'entreprise fut si bien prise en considération qu'on faillit placer parmi les actes de commerce toute entreprise de construction. Ce ne fut qu'à la suite des observations des tribunaux qu'on limita les entreprises de constructions commerciales aux entreprises de constructions de navires et de bâtiments de rivière. Locré, t. 8, p. 232-234.

(2) J. Bonnecase, *L'Ecole de l'Exégèse en droit civil.* Les traits distinctifs de sa doctrine et de ses méthodes d'après la profession de

serait vraiment par trop forcer le texte de l'article 633
que de lui faire bannir les actes mixtes au regard de
certaines des opérations qu'il vise, et de les lui faire
admettre au regard de certaines autres. D'autant que
l'article 633, dans sa formule généralisatrice de
l'alinéa 6, a soin de préciser qu'il ne peut s'agir, en ce
qui concerne le domaine du Droit maritime, que des
« contrats concernant le commerce de mer » (1).

Cela prouve, par ailleurs, que son énumération est
purement énonciative et que le législateur a voulu
simplement grâce à elle, en dehors de l'objectif précédemment indiqué, faciliter la tâche de l'interprète. De
la sorte se justifie du coup aussi bien l'existence de
l'article 632 que celle de l'article 633, car après tout,
quoi qu'en disent nos adversaires, si le législateur
n'avait pas poursuivi ce but, il aurait pu se dispenser
également de l'énumération de l'article 632 et viser
dans une brève formule toutes les opérations commerciales.

foi de ses plus illustres représentants, Paris, 1919. — La présence
d'actes de commerce terrestres dans l'énumération de l'art. 633 n'est
pas sans embarrasser MM. Lyon-Caen et Renault. Comp. *Traité*,
tome 1, n° 153.

(1) Cette précision jette le trouble dans l'esprit de Locré, qui semble
redouter que l'acte mixte ne soit de façon absolue rejeté de la compétence du tribunal de commerce. Il déclare, en effet, s'appropriant une
observation de la Cour de Paris : « Ce serait là un motif pour ne pas
soumettre aux tribunaux de commerce tous les contrats maritimes, car
(c'est ici que commence la citation par Locré de l'observation de la
Cour d'appel de Paris) il y en a plusieurs qui n'appartiennent pas au
commerce, au moins de l'une des deux parts, tel qu'est le contrat
que fait un passager avec un maître de navire pour qu'il le mène
à Saint-Domingue. Néanmoins les voyages de mer exigent tant de
rapidité et de ponctualité, les moindres retards peuvent y être si
préjudiciables, qu'il est visiblement impossible d'astreindre ces sortes
d'actions aux lenteurs et aux formalités de la justice ordinaire ». Locré,
t. 8, p. 283. Il est manifeste que Locré craint qu'en vertu de la
formule de l'article 633 le passager ne puisse assigner l'armateur devant
le Tribunal de commerce. Cette interprétation aurait vraiment été
excessive.

Signalons enfin que si l'acte de commerce mixte était banni du Droit maritime, l'Etat pourrait lui-même être englobé dans le domaine d'application du Droit commercial maritime et être soumis sur la base de l'article 633 à la compétence du tribunal de commerce.

43. — On l'a soutenu effectivement et fourni à la jurisprudence l'occasion d'affirmer solennellement l'inexactitude de cette doctrine; nous avons vu par les citations de Vivante et de Cosack qu'une solution de cette nature correspondrait à une conception du Droit commercial très différente de la nôtre.

Rarement une jurisprudence a été plus significative. Par trois arrêts, que l'on peut qualifier d'arrêts de principe, des 11 janvier 1860, 30 juillet 1884 et 23 janvier 1888 (1), la Cour de cassation a rejeté

(1) Par l'arrêt du 11 janvier 1860 (S., 60, 1, 232), la Cour de Cassation reconnaît à un passager le droit de réclamer à l'armateur devant la juridiction civile ses bagages perdus : « Attendu, y est-il dit, qu'en prenant place avec les effets qui l'accompagnent sur un bâtiment à vapeur pour les transporter d'un lieu à un autre, le passager ne fait pas un acte de commerce et ne contracte pas un affrètement dans le sens de l'art. 633 C. co; que si absolus que soient les termes du § 4 de cet article, ils reçoivent une limitation nécessaire des expressions qui le terminent et qui restreignent la qualité d'actes de commerce aux contrats concernant le commerce de mer ». L'arrêt du 30 juillet 1884 (S. 85, 1, 77) est intervenu à propos d'une espèce très voisine, sinon identique. Il s'agissait d'un mobilier expédié sur un navire en vue d'un déménagement et que son propriétaire réclamait devant le tribunal civil : « Attendu en droit, dit l'arrêt, que X..., qui n'est point commerçant, n'a point fait acte de commerce en traitant avec la Compagnie dans les circonstances indiquées; que si, aux termes de l'article 633, la loi répute acte de commerce tout affrètement ou nolisement, l'art. 633 lui-même exprime que cela n'est vrai qu'autant que le contrat concerne le commerce de mer, et attendu que quand un débat s'élève comme dans l'espèce à propos d'une opération qui n'était commerciale que pour l'une des parties, l'autre partie peut à son choix saisir le tribunal civil ou le tribunal de commerce. » Enfin l'arrêt du 23 janvier 1888 (S. 88, 1, 109) reconnaît le droit de s'adresser aux tribunaux civils à un individu qui a commandé à un constructeur un yacht de plaisance : « Attendu, en droit, déclare la Cour suprême,

les pourvois dirigés contre des décisions de cours d'appel et de tribunaux de commerce admettant l'existence d'actes mixtes en matière maritime. Mais il était réservé à la Cour de cassation d'affirmer d'une façon plus positive sa doctrine sur ce point ; tel est le sens de l'arrêt de la chambre civile du 16 mars 1914 intervenu sur le pourvoi formé dans l'intérêt de la loi par le procureur général près la Cour de cassation contre un jugement du tribunal civil de Dunkerque (1). Ce tribunal s'était déclaré incompétent au regard d'une action en remboursement de frais

que si, aux termes de l'article 633 C. co., la loi répute actes de commerce tous achats de bâtiments pour la navigation intérieure ou extérieure, cela ne saurait s'appliquer au cas où, comme dans l'espèce, un non-commerçant commande à un constructeur un yacht de plaisance destiné à des voyages d'étude ou d'agrément. »

(1) Le 12 juillet 1912 le Ministre de la Marine avait fait citer devant le juge de paix de Dunkerque un armateur pour remboursement des frais d'hospitalisation et d'inhumation d'un matelot au service du défendeur, frais avancés par l'Etat. Par jugement du 14 août 1912 le juge de paix se déclara incompétent sous prétexte « que la dette payée à l'acquit du défendeur avait un caractère essentiellement commercial. » Ce jugement fut confirmé sur appel par le tribunal civil de Dunkerque, le 26 décembre 1912, pour le motif « que la demande de l'administration maritime tombait sous l'application du Code de commerce ». C'est contre ce jugement que le Procureur général près la Cour de Cassation forma un pourvoi dans l'intérêt de la loi. Sans doute le Procureur général fit valoir que l'Etat, en actionnant l'armateur, exerçait un droit propre, une action directe. N'empêche que si l'acte de commerce mixte était banni du Droit maritime, l'Etat ne pouvait invoquer la compétence du tribunal civil puisque son droit trouvait son origine dans un contrat maritime. Aussi la Cour de Cassation, en cassant le jugement de Dunkerque dans l'intérêt de la loi, par son arrêt du 16 mars 1914 (S. 1915, 1, 97, la note de M. Lyon-Caen) a-t-elle confirmé sa jurisprudence antérieure : « Attendu, dit-elle, que si, aux termes de l'art. 633 C. co., la loi répute actes de commerce tous engagements de gens de mer pour le service des bâtiments de commerce, cette disposition n'a trait qu'aux rapports de l'armateur avec les gens de mer ; qu'elle ne s'applique pas au Ministre de la Marine quand il intente contre l'armateur une action directe et personnelle ; que l'instance est alors civile à son égard, suivant les règles du droit commun. »

d'hospitalisation et d'inhumation d'un matelot décédé, intentée par l'Etat contre l'armateur; le jugement alléguait que l'action trouvant son origine dans des engagements maritimes était du ressort du tribunal de commerce. Cela aurait été exact avec la législation italienne; mais cette solution était en contradiction absolue avec la nôtre. C'est pourquoi elle fut cassée par l'arrêt précité de la Cour suprême du 16 mars 1914, arrêt essentiellement de principe et revêtu en plus de cette autorité doctrinale et particulière dont sont entourés les arrêts rendus sur pourvoi dans l'intérêt de la loi.

44. — La question des actes de commerce mixtes a, on le voit, une très grande importance pour le particularisme du Droit maritime; la solution que nous lui donnons, d'accord avec la jurisprudence et l'esprit de notre législation, a pour résultat certain d'affaiblir ce particularisme. Quoi qu'il en soit, cette solution emporte avec elle celle de la troisième question qui se pose sur l'article 633, le caractère commercial ou civil des actes relatifs à une navigation maritime non commerciale, par exemple la navigation de plaisance. Sans entrer dans des développements qui seraient ici inutiles, nous dirons, en effet, qu'il ne peut s'agir en la matière que d'actes civils. C'est ce que décide la jurisprudence tant en ce qui concerne le propriétaire non-commerçant du navire que les gens de l'équipage (1).

45. — Le premier élément de la détermination du domaine d'application du Droit commercial maritime que nous venons d'étudier est celui qui prête le plus à discussion. Les autres vont d'eux-mêmes, tout au

_____

(1) Trib. comm. du Havre, 7 décembre 1904, *Rev. int. dr. marit.*, 1905, p. 314. — Trib. comm. Marseille, 28 décemb. 1908. *Rev. int. dr. marit.*, 1909, p. 641. La législation italienne admet la solution contraire et cela s'explique étant donné sa conception du Droit commercial général, Vivante, *op. cit.*, t. I, p. 191-192.

moins quant au principe. Le Droit commercial maritime ne régit pas que des rapports de droit; il s'applique, en second lieu, à certaines personnes déterminées,
en ce sens, que certaines de ses règles visent moins
des rapports juridiques issus de la navigation maritime
considérés en eux-mêmes que des personnes à raison
de leurs fonctions dans l'exercice de la navigation
maritime. Nous avons indiqué ces personnes et la
partie du Droit commercial maritime qui y est affé-
rente dans l'analyse des divers éléments de la définition du Droit maritime. A ce point de vue, celui-ci est
tout comme le Droit commercial terrestre dans certaines de ses parties un Droit subjectif et professionnel.

46. — Le Droit commercial maritime suppose, en
troisième lieu, que rapports et sujets de droit régis par
lui ont trait à la navigation maritime et qu'il s'agit
par ailleurs, en quatrième lieu, de navires comme
instruments de cette navigation par opposition aux
bâtiments de rivière. Ce troisième et ce quatrième éléments se définissent l'un par l'autre en ce sens que,
d'après la jurisprudence la plus récente (1), un bateau
prend la qualité de navire non du fait de sa structure,
mais à raison de ce qu'il se livre à la navigation maritime. Malheureusement celle-ci n'est pas définie d'une
manière uniforme par le législateur français, qui, à
l'occasion de divers textes administratifs, en donne des
définitions différentes; encore moins avons-nous un
texte qui en dehors de ces textes administratifs spéciaux trace d'une manière générale les limites de la
navigation maritime. Peut-être pourrait-on adopter
celles de l'inscription maritime, peut-être aussi con-
vient-il de laisser dans chaque cas aux juges du fond,
le soin de décider si l'on est en présence des eaux maritimes ou des eaux fluviales; la mer est après tout un

(1) Cass. 8 février 1913, S., 1915, 1, 81 et la note.

élément naturel dont l'existence et l'étendue s'apprécient en fait; telle est, au fond peut-être, la conception de la législation française. C'est pourquoi nous n'insistons pas davantage sur ce point (1). Il n'en est pas moins très regrettable que le législateur n'ait pas jugé à propos de trancher formellement la difficulté.

47. — La sphère d'influence du Droit civil et du Droit commercial général vis-à-vis du Droit commercial maritime ; dans quelle mesure le Droit maritime s'encastre dans le Droit commercial terrestre. La question de l'existence d'un Droit civil maritime. — Nous avons suffisamment précisé les éléments constitutifs et le domaine d'application du Droit commercial maritime pour pouvoir maintenant déterminer avec sûreté la sphère d'influence vis-à-vis de lui du Droit civil et du Droit commercial général. A vrai dire, nous ne nous occuperons que de celui-ci, puisque, dans la mesure où le Droit maritime s'encastrera dans le Droit commercial, il s'encastrera du même coup dans le Droit civil. Or, il est un fait certain; en admettant, ce que nous contestons d'ailleurs, qu'il y ait un Droit privé maritime ou même un Droit civil maritime pour employer l'expression de certains auteurs, le Droit maritime est avant tout commercial, puisqu'il réglemente la vie commerciale maritime et, de ce chef, il emprunte au Droit commercial terrestre et au Droit civil une partie importante de sa structure.

En premier lieu, la notion de commerçant est identique en Droit commercial terrestre et en Droit maritime; cela est exact tant du commerçant-individu que du commerçant - société ; les sociétés d'armement

---

(1) Sur cette question très discutée en doctrine surtout, Ripert, t. I, nos 117 et s. — Danjon, t. I, nos 13 et 14. — Fraissingea, *Les bâtiments de mer et de l'intérieur; la navigation maritime et intérieure.* 1904.

actuelles sont des sociétés commerciales tout court, généralement par actions, dont la structure interne et externe n'a rien de spécial au Droit maritime. La notion de fonds de commerce est, en second lieu, la même en Droit terrestre et en Droit maritime. D'autre part, la condition juridique du commerçant obéit dans les deux cas à un ensemble de règles identiques. A son tour, la condition juridique du navire est soumise à un grand nombre des règles du Droit des biens. Enfin, non seulement le Droit maritime est, comme le Droit commercial terrestre, un droit objectif; non seulement il régit des rapports juridiques considérés, en principe, abstraction faite des personnes, mais de plus un grand nombre des actes énumérés à l'article 633 ont leurs pendants dans le Droit commercial terrestre ou même le Droit civil.

48. — Il est vrai que, pour échapper à l'atteinte qui se trouve ainsi portée au particularisme du Droit maritime du fait de cette communauté de structure avec le Droit commercial terrestre et le Droit civil, les partisans du particularisme affirment l'existence d'un Droit privé maritime ou même d'un Droit civil maritime. « Dans l'ensemble du Droit maritime français, écrit M. Danjon, je n'ai l'intention d'étudier que le Droit privé, c'est-à-dire la partie du Droit maritime qui régit les relations créées entre particuliers par les expéditions de mer; et dans le Droit maritime privé, j'envisagerai plus spécialement encore le Droit maritime commercial. Les deux expressions sont souvent prises l'une pour l'autre; en réalité, elles ne sont pas complètement synonymes ou du moins leur synonymie est discutable, elle dépend du point de savoir si les opérations extrêmement multiples auxquelles donnent lieu les expéditions maritimes entreprises par les particuliers ont toutes le caractère commercial » (1). M. Danjon répond négativement à la question ainsi posée et aperçoit le Droit privé maritime dans les actes mixtes ou encore dans les actes relatifs à la navigation de plaisance. La conception de M. Ripert est beaucoup plus compréhensive. « Il y a, dit-il, si je puis employer cette expression, un Droit civil maritime. Quand on s'occupe de la propriété des navires, des modes de transmission de cette propriété, et même de la saisie et de la vente des navires, les questions qu'il faut examiner ne font pas partie du Droit commercial. En second lieu, le législateur suppose toujours que le propriétaire du navire est un armateur commerçant se livrant à l'industrie des transports maritimes. Mais ce propriétaire peut être aussi une personne naviguant pour son agrément ou en vue de recherches scientifiques. La navigation de plaisance doit être soumise à certaines règles du Droit maritime, mais non à toutes, et il n'est pas facile, nous le verrons, de faire cette répartition. » (2).

Nous ne voyons vraiment pas en quoi, dans ses fondements, le prétendu Droit privé ou civil maritime se distingue du Droit civil proprement dit. A ce compte-là il y aurait aussi en Droit commercial terrestre un Droit privé distinct du Droit civil proprement dit qui serait relatif notamment à la condition juridique du fonds de commerce et à la capacité de la femme ou du mineur commerçants. Or, personne ne le soutient. M. Ripert écrit : « On se tromperait lourdement en faisant du Droit maritime un accessoire du Droit commercial terrestre. C'est une discipline indépendante qui a un caractère particulariste très marqué, je le montrerai, et qu'on ne saurait sans inconvénients graves asservir à une autre. » (3). Nous n'entendons

(1) Danjon, tome I, p. 34.
(2) Ripert, *op. cit.*, tome I, p. 30-31.
(3) Ripert, *op. cit.*, tome I, p. 31.

pas faire du Droit commercial maritime un accessoire du Droit commercial terrestre; mais nous constatons qu'il s'encastre dans celui-ci et du même coup dans le Droit civil. La suite va nous montrer dans quelle mesure le Droit maritime n'en est pas moins original, ou, si l'on veut, « particulariste ».

CHAPITRE III

LA PORTÉE ACTUELLE DU « PARTICULARISME » DU DROIT
COMMERCIAL MARITIME SOUS SES DEUX FORMES : « PARTI-
CULARISME » EXTERNE ET « PARTICULARISME » INTERNE. —
L'ÉVOLUTION DE L'ANCIEN « PARTICULARISME » ABSOLU
VERS UN « PARTICULARISME » RELATIF.

49. — Il est évident que, du fait de nos développements antérieurs, le particularisme du Droit maritime, dans le sens absolu du terme, se trouve singulièrement diminué, puisque nous espérons avoir
démontré que, rationnellement et organiquement, et
de plus, à l'heure actuelle, législativement, le Droit
maritime plonge par toutes ses racines dans le Droit
civil et le Droit commercial. Mais, du particularisme
absolu, le Droit maritime a pu évoluer vers un particularisme relatif, qui continue à s'affirmer. L'examen
de cette question va faire l'objet de ce chapitre. Nous
allons successivement nous placer au point de vue du
« particularisme » externe et du « particularisme »
interne, tels que nous les avons définis antérieurement.
La partie difficile de notre tâche est, d'ailleurs, terminée. Il nous suffira, grâce à nos explications précédentes, de quelques constatations de faits connus de
tous ceux mêlés à la vie juridique maritime pour
atteindre le but que nous nous sommes proposé.

SECTION I

LE « PARTICULARISME » EXTERNE DU DROIT COMMERCIAL
MARITIME A L'HEURE PRÉSENTE. L'ABDICATION DU
LÉGISLATEUR DEVANT LES CORPORATIONS MARITIMES
EN MATIÈRE D'ÉLABORATION DU DROIT COMMER-
CIAL MARITIME. CARACTÈRE CORPORATIF, UNILATÉRAL
ET, DANS SON ENSEMBLE, ANARCHIQUE DU DROIT MARI-
TIME AINSI ÉLABORÉ. LE RÔLE DE LA JURISPRUDENCE;
DANS QUELLE MESURE ELLE EST SUSCEPTIBLE DE SERVIR
DE GUIDE A L'INTERPRÈTE DU DROIT MARITIME.

50. — Le particularisme externe du Droit commercial maritime, autrement dit le particularisme relatif à
ses sources formelles, doit être examiné en bonne
méthode sur le terrain des principes et sur le terrain
des faits. Que l'on se place, d'ailleurs, à l'un ou à
l'autre point de vue, les temps héroïques du Consulat
de la Mer et des Rôles d'Oléron sont révolus; ils l'ont
été le jour où Colbert, par la voix de Louis XIV, a
déclaré dans le préambule de l'ordonnance sur la
marine de 1681 : « Il n'est pas moins nécessaire d'affermir le commerce par de bonnes lois que de le rendre
libre et commode par la bonté des ports et par la force
des armes; ….nous avons estimé que pour ne rien
laisser à désirer au bien de la navigation et du commerce, il était important de fixer la jurisprudence des
contrats maritimes, jusques à présent incertaine. »
Ce jour-là le Droit maritime devenait un Droit légal
et national; c'en était fini à une plus ou moins longue
échéance des usages universels et immuables générateurs d'un Droit maritime universel et immuable.

L'évolution avait, au surplus, commencé avec l'apparition des premiers statuts des villes maritimes. Quoi
qu'il en soit, c'est un fait indéniable, la loi, et même

dans la plupart des pays, la loi codifiée est à la base du Droit maritime.

51. — Mais tout au moins en ce qui concerne la France, cela n'est exact que sur le terrain des principes; en fait, le législateur paraît avoir complétement abdiqué son rôle; la loi n'est qu'en théorie une source formelle du Droit maritime dans ses domaines les plus importants et les plus caractéristiques. En cela le Droit maritime actuel présente une physionomie à part.

Avant de fixer les traits de cet aspect du particularisme externe, il importe que nous mentionnions, pour l'écarter, l'illusion en cours à un moment donné que par le moyen de conventions internationales le Droit maritime pourrait revenir à l'uniformité du Moyen-âge. L'histoire des Règles d'York et d'Anvers est là pour en témoigner; sans doute, en fait, ces Règles ont remplacé dans beaucoup de pays la réglementation légale des avaries communes. N'empêche qu'elles n'ont pas force légale et pourtant combien laborieuse a été leur élaboration, puisque commencée au Congrès de York en 1864 elle a occupé les Congrès internationaux pendant près d'un demi-siècle (1). Sans doute, la loi du 15 juillet 1915 sur l'abordage et celle du 29 avril 1916 sur l'assistance et le sauvetage maritimes sont issues des Congrès internationaux et des conférences diplomatiques. Mais on avouera que c'est un mince résultat si l'on songe à toutes les questions d'ordre plus général agitées dans les congrès internationaux de la seconde moitié du XIXᵉ siècle et du début du XXᵉ (2). Revenons donc à l'examen de l'élaboration du Droit maritime français à l'heure actuelle.

52. — L'abdication du législateur devant les corporations maritimes en matière d'élabora-

---

(1) Sur l'histoire de ces Règles, comp. Legrand, *Règles d'York et d'Anvers*, thèse Rennes, 1909.

(2) Comp. Ripert, tome I, p. 54 et s.

B.

6

tion du Droit commercial maritime. Caractère corporatif, unilatéral et, dans son ensemble, anarchique du Droit maritime ainsi élaboré. — Parler de l'abdication du législateur à propos d'une branche du Droit quelle qu'elle soit est une affirmation grave dont il s'agit dès l'abord de limiter le sens. Nous sommes le premier à reconnaître que par sa nature le Droit commercial maritime échappe à une réglementation législative qui voudrait tout prévoir et tout ordonner. N'empêche que, comme en toute autre matière, la fonction de la loi est en Droit maritime une fonction organique, qui pourra peut-être s'en tenir à la constitution d'un cadre au sein duquel les volontés individuelles se donneront libre cours ; la loi n'en doit pas moins constituer ce cadre en harmonie avec les faits à régir.

Or, il se trouve que plus qu'en tout autre domaine les faits ont subi en matière maritime pendant le xxᵉ siècle des transformations profondes. L'attention du législateur devait donc être spécialement en éveil. Au lieu de cela le législateur, sous réserve de quelques tentatives infructueuses de sa part, s'est tenu dans une attitude passive; de là, le défaut de concordance entre, d'une part, les conditions économiques et les instruments de la navigation, et, d'autre part, la législation maritime. Ce défaut de concordance est connu de tous; il a été souvent signalé (1); il n'en est pas moins nécessaire de le rappeler ici.

52 *bis*. — Cette attitude passive du législateur est d'autant plus surprenante et d'autant plus regrettable qu'on

______

(1) Comp. A Colin, *La navigation commerciale au* xixᵉ *siècle*, 1901. Bien avant cet auteur et d'autres auteurs contemporains dont il serait superflu de citer les noms, sous peine d'ailleurs d'être incomplet, de Courcy avait fait cette constatation dans ses *Questions de droit maritime*, 4 vol., Paris, 1877-1888. Voir notamment les préfaces placées par cet auteur en tête de chacun de ses quatre volumes.

ne la remarque pas en Droit commercial général; elle aurait dû d'autant plus être abandonnée en Droit maritime que les réformes du Droit commercial général ont réagi sur la vie commerciale maritime et lui ont donné une physionomie que ne pouvaient pas prévoir les rédacteurs du livre II du Code de commerce de 1807. Nous visons plus spécialement les réformes en matière de sociétés par actions, que les intéressés ont mises à profit pour constituer en de puissantes organisations les industries de la construction des navires, de la classification des navires, de l'armement et de la navigation maritimes, de l'assurance maritime. Progressivement ces diverses branches de l'industrie maritime sont tombées dans les mains de sociétés par actions qui ont englobé l'industrie individuelle; le commerce maritime, à l'exception du monde des chargeurs, s'est trouvé tout entier dans les mains de corporations dominatrices, qui ont trouvé de plus le moyen de grouper et de coordonner les efforts des diverses sociétés par actions ressortissant à la même branche d'industrie maritime. Non seulement, par exemple, les grandes compagnies de navigation ont pris la place des armateurs individuels, mais, de plus, a apparu le Comité central des armateurs de France, qui a groupé le plus grand nombre des armateurs français et qui, par son organisation et par ses circulaires, a imprimé une unité de direction certaine à tout l'armement. Non seulement les grandes compagnies d'assurance maritime ont absorbé les assureurs isolés ou les sociétés plus faibles, mais, de plus, s'est constitué au-dessus d'elles le Comité des assureurs maritimes, dont le but a été pour lui aussi de donner plus de cohésion à l'industrie de l'assurance maritime et de constituer une base solide de résistance au point de vue de la défense de ses intérêts professionnels.

Le législateur n'a pas suffisamment remarqué que

la vie commerciale maritime se transformait beaucoup plus que la vie commerciale terrestre en vie corporative et que, désormais, les corporations ainsi nées entreraient d'autant plus en lutte qu'elles ne se sentiraient pas bridées par une législation vieillie, dont le moindre défaut avait été de ne pas pouvoir prévoir leur naissance et leur développement. Ce même législateur n'a pas porté son attention sur ce fait que dans tout contrat maritime l'une des parties au moins serait une corporation, et que cette corporation tenterait d'imposer sa loi à la contre-partie; passe encore quand cette contre-partie serait une autre corporation, mais malheur à la contre-partie qui serait une personne isolée, commerçante ou non, tel un chargeur (1). Ce n'est pourtant pas que l'attention du législateur n'ait été appelée sur ce point puisque, dès le 10 avril 1886, une proposition de loi Félix Faure-Siegfried était mise en avant en vue d'essayer de protéger les chargeurs contre les armateurs. Depuis cette date, propositions et projets de loi se sont succédé sans aboutir davantage à un résultat. Ces projets et ces propositions méritaient pourtant attention, car ils étaient l'émanation directe du monde maritime en pleine ébullition; les congrès corporatifs succédaient aux congrès corporatifs; chargeurs, armateurs, assureurs se dressaient les uns contre les autres, chacun entendant établir au regard d'autrui la légitimité de sa conception pratique du Droit maritime (2).

---

(1) Signalons, à titre de vues d'ensemble de la situation créée par cet état d'esprit, les deux documents suivants : Léopold Dor, *Les clauses des connaissements et le projet de loi Colin*, 1912. — *Projet de loi tendant à limiter les clauses des connaissements*, présenté par le Gouvernement le 27 juillet 1917, et l'exposé des motifs qui le précède. *J. off..*, 1917, annexe au procès-verbal de la séance du 27 juillet 1917, n° 3672.

(2) Voir un aperçu de cette lutte dans Tallavignes d'Angles, *La responsabilité dans les connaissements français*, thèse, Paris, 1908.

53. — C'est que les sources formelles du Droit maritime ne sont plus, en effet, dans le Code de commerce; elles ne sont pas davantage dans des usages qui se constitueraient à la fois sous l'empire de la notion de droit et des besoins économiques pour imposer une sorte d'harmonie naturelle aux prétentions concurrentes. Ces sources formelles se trouvent, en réalité, dans les statuts corporatifs des puissantes organisations maritimes; chacune, encore une fois, prend soin d'établir sa charte et, dans cette charte, de préciser les directives qu'elle entend suivre et imposer en matière de conflits juridiques. Les sociétés de classification de navires ont consigné leur charte dans leurs registres de classification; les sociétés d'armement dans leurs connaissements-types; les compagnies d'assurances dans leurs polices d'assurances-types; quant aux chargeurs, moins bien organisés, ils se sont tenus dans une attitude défensive; ils ont regardé du côté du législateur, le suppliant en vain d'arriver à leur secours en présence de tous ces codes unilatéraux qui finalement retombaient sur eux. Rien n'y a fait, nous le répétons; nous continuons à cette heure à être en présence de chartes corporatives et unilatérales en opposition les unes avec les autres, donc en présence d'un Droit maritime corporatif et unilatéral, qui ne peut être qu'anarchique.

54. — Le caractère anarchique de ce Droit s'accroît précisément du trait commun aux chartes de toutes les corporations maritimes; il semblerait au premier abord que, puisqu'un trait commun se retrouve dans tous les statuts corporatifs, on pût arriver à une entente; c'est tout l'opposé, ce trait commun étant par excellence un ferment de guerre. Alors, en effet, que dans le Droit civil l'idée de risque, et surtout l'idée de risque professionnel, pénétrait de plus en plus, en Droit maritime, chacune des corporations intéressées insérait comme article fondamental dans sa

charte la stipulation formelle de sa non-responsabilité
à l'occasion de sa fonction professionnelle. Le Bureau
Veritas inscrivait dans ses registres qu'il entendait
n'être pas plus responsable de ses erreurs ou omissions
envers les assureurs abonnés qu'envers les assureurs
non abonnés, qu'envers les armateurs. Les armateurs
déclaraient à leur tour, dans leurs connaissements,
qu'ils entendaient ne pas répondre pas plus des fautes
de leurs agents que de leurs propres fautes. Les assureurs enfin s'efforçaient dans leurs polices de réduire
le plus possible l'étendue de leurs garanties (1). Il n'y
a pas lieu à cet égard de donner des précisions qui sont
connues de tous, notre but étant ici de tirer des conséquences générales d'un fait établi et sous réserve d'ailleurs de quelques explications ultérieures.

55. — Il se trouve, en résumé, que nous sommes à
n'en pas douter, en matière maritime, en présence d'un
Droit corporatif, unilatéral et, dans son ensemble, anarchique. Plus exactement, nous sommes en face d'une
négation formelle de la notion de droit de la part des
divers intéressés, puisque la notion de droit commande
l'harmonie et la conciliation et que, ici, chacun veut
exercer une fonction lucrative sans risques ou, en tout
cas, en laissant les risques à ceux dont, moyennnant

(1) Nous renvoyons sur tous ces points au texte du Registre du
Bureau Veritas, des connaissements et des polices d'assurances, comme
aussi au véritable réquisitoire dressé par M. Dor contre les clauses
de non-responsabilité des connaissements dans l'étude précitée qui
était un rapport présenté à l'Association de droit international et
dont le projet gouvernemental de 1917 s'est approprié la substance.
Par ailleurs, les Traités de Lyon-Caen et Renault, Ripert et Danjon
donnent tous renseignements utiles à cet égard, en même temps que
la bibliographie. Encore une fois ce sont là des faits connus; notre
but est de raisonner sur ces faits et non de les exposer. Nous aurons,
au surplus, l'occasion de revenir sur les clauses de non-responsabilité
considérées quant au fond à propos du particularisme interne du
Droit maritime et de faire état à cette occasion de certains documents
omis à cette place.

une rémunération, on prétend servir les intérêts. C'est là un phénomène unique dans son genre à l'heure actuelle, phénomène que nous n'avons pas à expliquer plus longuement à cette place, mais bien à prendre en considération pour indiquer à l'interprète la voie à suivre en vue d'assurer au profit de chacun le règne du Droit.

La circonstance que la législation maritime est muette ou insuffisante n'empêche pas, en effet, que le Droit ne doive imposer son harmonie à tous; il ne faut pas oublier qu'aux termes de l'article 4 du Code civil : « le juge qui refusera de juger sous prétexte du silence, de l'obscurité ou de l'insuffisance de la loi, pourra être poursuivi comme coupable de déni de justice, » et que, aux termes de l'article 6 : « on ne peut déroger par des conventions particulières aux lois qui intéressent l'ordre public et les bonnes mœurs. » La question qui se pose à l'interprète, en présence des statuts corporatifs du Droit maritime, est donc celle de savoir si, à l'occasion de telle espèce donnée, ils ne traduisent pas une conception inexacte du Droit. C'est la question que, par centaines chaque jour, les tribunaux de toutes catégories résolvent; mais il importe de rechercher si dans leur ensemble ils la résolvent correctement et si, dans ces conditions, leur jurisprudence mérite de s'imposer comme une source quasi-formelle du Droit maritime. C'est l'examen de ce problème qui va faire l'objet des développements suivants.

56. — Le rôle de la jurisprudence dans l'élaboration et l'interprétation du Droit maritime. Examen de la question de savoir si la jurisprudence s'impose, en fait, à titre de source quasi-formelle du Droit maritime et si elle exerce une fonction régulatrice vis-à-vis des tendances unilatérales et égoïstes des diverses corporations

maritimes. — Le rôle de la jurisprudence dans l'élaboration et l'interprétation du Droit maritime peut être considéré sous deux aspects : en premier lieu, sous l'aspect formel, autrement dit au point de vue de la force et de l'autorité avec lesquelles la jurisprudence s'impose à l'interprète; en second lieu, sous le rapport des solutions consacrées par elle, c'est-à-dire au point de vue de sa contribution, en présence de l'insuffisance ou de l'obscurité de la loi, à l'élaboration quotidienne du Droit maritime.

La première question consiste à se demander : la jurisprudence est-elle, en fait, à cette heure une source formelle ou quasi-formelle du Droit maritime ? La seconde : la jurisprudence exerce-t-elle vraiment à l'égard des tendances unilatérales et égoïstes des corporations maritimes, telles que nous les avons décrites, la fonction régulatrice qui est de l'essence du pouvoir judiciaire ? Il n'est pas possible dans cette étude d'examiner à fond ces deux questions, puisque nous ne pouvons avoir d'autre but que de tracer des directives sur la base de faits censés connus. Nous nous en tiendrons donc à des remarques brèves, mais précises. D'autre part, quoiqu'il soit assez malaisé de séparer ces deux questions telles que nous les avons énoncées, nous traiterons principalement de la première à cette place, la seconde relevant du particularisme interne du Droit maritime, à propos duquel il en sera donc fait état.

57. — C'est une formule courante que d'avancer qu'en Droit maritime seule la jurisprudence compte. Certains ne sont pas loin d'appliquer cette formule au Droit civil et au Droit commercial terrestre, ce qui est tout à fait excessif, les dispositions légales d'ordre public y étant très nombreuses. Mais il est évident que la situation est tout autre en Droit maritime à raison de l'abstention du législateur précédemment décrite.

Alors qu'en Droit civil et en Droit commercial général, les décisions judiciaires appliquent la loi, parfois la contrarient et souvent aussi ont à la suppléer d'une façon complète, c'est cette dernière hypothèse qui est la règle en Droit maritime. La jurisprudence doit y remplir sa fonction régulatrice en matière de conflits d'intérêts, non plus sur la base de la loi, mais sur les données immédiates de la notion de droit appliquées aux prétentions traduites par les statuts des corporations maritimes. En un certain sens, par conséquent, la jurisprudence fait office de loi en notre matière, elle est une source formelle ou tout au moins quasi-formelle du Droit maritime.

58. — La Cour de cassation a compris son rôle à cet égard, mais il convient d'examiner tout d'abord si elle ne l'a pas exagéré et, d'autre part, si les intéressés et les tribunaux inférieurs ne se sont pas inclinés trop facilement devant elle, sur le terrain de l'interprétation judiciaire.

59. — Tout d'abord, si elle ne l'a pas exagéré en méconnaissant, en fait, la prohibition des anciens arrêts de règlement édictée par l'article 5 du Code civil : « Il est défendu aux juges de prononcer par voie de disposition générale et réglementaire sur les causes qui leur sont soumises. » « Les Parlements et autres cours souveraines, écrit Esmein, participaient dans un certain sens à la législation par le droit de rendre des *arrêts de règlement*. Ces arrêts ne se rattachaient point à la justice contentieuse et n'étaient point rendus pour trancher un litige entre deux parties. C'étaient de véritables règlements ayant force de loi dans le ressort du Parlement qui les avait faits et seulement dans ce ressort; ils n'avaient d'arrêt que la forme, le Parlement n'en ayant point d'autre pour exprimer ses décisions. Ils statuaient pour l'avenir par disposition générale et à l'égard de tous comme la loi elle-même. » (1).

A cette exception près que les arrêts de la Cour de cassation sont toujours rendus dans un litige entre parties, encore faudrait-il faire quelques réserves sur ce point en ce qui concerne les arrêts rendus sur pourvoi formé dans l'intérêt de la loi par le procureur général près la Cour de cassation, à cette exception près, disons-nous, nous ne sommes pas loin d'avoir aujourd'hui des décisions de la Cour suprême, qui frisent singulièrement les arrêts de règlement; nous visons par là les « arrêts de principe » par opposition aux « arrêts d'espèce », car les arrêts de principe peuvent, tout en statuant à l'occasion d'un litige, prendre une forme abstraite, générale et absolue, qui engage irrémédiablement l'avenir, tout au moins pour un certain temps. C'est ce qui est arrivé en Droit maritime. La Cour de cassation a usé de formules chaque jour plus impératives. De plus, nous retrouverons la question à propos du particularisme interne, elle a usé de sa fonction juridictionnelle dans un sens éminemment favorable au caractère corporatif et unilatéral présenté par le Droit maritime actuel.

60. — Nous reproduirons, en vue de le démontrer, la série des arrêts de principe qui ont admis la validité sans restriction de la négligence-clause et précipité du coup, nous le prouverons plus loin, tous les intéressés à la vie maritime dans la voie des chartes corporatives et des clauses de non-responsabilité multipliées.

Ce n'est pas, de la sorte, une question spéciale que nous exposerons; car, on ne saurait trop le répéter, l'anarchie qui règne aujourd'hui en Droit maritime a

(1) Esmein, *Cours élémentaire d'histoire du Droit français*, 4e éd., 1901, p. 528-529.

pour origine et les clauses de non-responsabilité des fautes du capitaine inscrites par les armateurs dans leurs connaissements et la consécration, sans réserves, de la validité de ces clauses par la jurisprudence de la Cour de cassation.

61. — La Cour de cassation s'est, pour la première fois, prononcée nettement en faveur de la validité de la négligence-clause par un arrêt du 23 février 1864 (1). Toutefois il convient de remarquer que cet arrêt faisait plutôt pressentir la jurisprudence postérieure de la Cour suprême; cette décision reconnaissait, en effet, la validité de la négligence-clause au regard de la loi anglaise, qu'il y avait lieu d'appliquer dans l'espèce, et constatait qu'aucun principe d'ordre public ne s'opposait en France à la proclamation de cette validité. La jurisprudence de la Cour de cassation ne devait vraiment se trouver fixée que par les deux arrêts de principe du 14 mars 1877 et du 2 avril 1878; ils ont commandé le développement de la jurisprudence postérieure, complétés par l'arrêt du 31 juillet 1888 :

« Attendu, dit l'arrêt du 14 mars 1877, que les conventions tiennent lieu de loi à ceux qui les ont faites, si elles ne sont défendues par la loi ou contraires à l'ordre public ou aux bonnes mœurs; attendu qu'aucune loi ne défend aux propriétaires de navires de stipuler qu'ils ne répondent pas des fautes du capitaine ou de celles de l'équipage; qu'une telle convention n'est pas davantage contraire à l'ordre public ou aux bonnes mœurs; qu'en effet, tout en admettant que l'ordre public ou les bonnes mœurs ne permettraient pas, en principe, de s'exonérer des fautes de ses préposés, et s'il est vrai que le capitaine soit le commis du propriétaire du navire, il est également vrai que, dans l'exercice de son commandement, le capitaine

(1) S. 64, 1, 385.

échappe en fait et en droit à l'autorité de son commettant et à sa direction; qu'aussi lui-même est-il frappé par les articles 221 et 222 du Code de commerce d'une responsabilité directe et principale, et que, pour la même raison, l'article 355 du même Code, dont les termes généraux ne font aucune distinction, permet aux propriétaires de navires, aussi bien qu'aux simples chargeurs de se faire assurer contre toutes les prévarications et fautes du capitaine et de l'équipage, commises sous le nom de baraterie du patron; d'où il suit qu'en déclarant valable dans l'espèce la clause du connaissement par laquelle la compagnie défenderesse déclinait la responsabilité des fautes ou négligences quelconques du capitaine, des pilotes, des marins ou autres personnes embarquées à bord, l'arrêt attaqué n'a violé aucune loi. » (1).

L'arrêt précité du 2 avril 1878 est conçu dans le même sens, rédigé littéralement dans les mêmes termes (2).

62. — Il est incontestable que les deux arrêts du 14 mars 1877 et du 2 avril 1878 sont deux décisions de principe qui consacrent en thèse et sans la moindre réserve le droit pour l'armateur de stipuler sa non responsabilité à raison des fautes et négligences du capitaine. Pourtant il apparut à l'usage que ces arrêts n'avaient pas une portée suffisamment claire, même sur la question de principe. Dans le but de diminuer le domaine de l'application de la clause, les intéressés avaient essayé d'établir une distinction entre les fautes natutiques du capitaine et ses fautes commerciales, la négligence-clause pouvant couvrir les premières, mais non pas les secondes. Certaines décisions de jurisprudence avaient accepté cette distinction. C'est alors

(1) S. 79, 1, 423.
(2) S. 78, 1, 292.

qu'intervint l'arrêt de la Cour de cassation du 31 juillet 1888 (1), qui, véritable arrêt de principe lui aussi, complète les arrêts de 1877 et de 1878 en étendant la portée de la négligence-clause aussi bien aux fautes commerciales du capitaine qu'à ses fautes nautiques.

« Attendu, dit l'arrêt du 31 juillet 1888, qu'il est reconnu par l'arrêt et, d'ailleurs, non contesté qu'une clause des connaissements de l'espèce stipulait l'irresponsabilité de l'armement, soit pour inexactitude, oblitération ou absence de marques sur les marchandises transportées par le *Tandem*, soit d'une manière plus générale par la baraterie du patron, et les pertes ou avaries résultant de la négligence, faute ou erreur de jugement des capitaine, matelots ou autres gens de l'équipage; que, sans méconnaître d'une manière absolue la validité de cette clause, le pourvoi prétend en restreindre les effets à ce qu'il appelle les fautes nautiques du capitaine, par opposition à celles que ce dernier aurait commises comme agent et préposé commercial de l'armement; que rien dans la loi n'autorise cette distinction, que le Code de commerce qui, à raison de l'autorité particulière dont jouit personnellement le capitaine du navire, lui impose une responsabilité directe et principale, la lui impose aussi bien en ce qui concerne les soins à donner aux marchandises dont il se charge (art. 222 et 229) qu'en ce qui regarde la conduite du navire ou autre bâtiment (art. 221); que, d'un autre côté, c'est en termes généraux et sans faire aucune distinction entre les diverses espèces de fautes que l'article 333 du même Code autorise, de la part de quiconque s'y croit autorisé, les contrats tendant à se faire assurer contre toutes prévarications et fautes du capitaine et de l'équipage, commis sous le nom de baraterie du patron; que les raisons qui ont

---

(1) *Rev. int. de droit maritime*, t. IV, 129

fait admettre la validité des clauses semblables ou analogues à celle ci-dessus rappelée embrassent donc toutes les fautes que peut commetre le capitaine, dont les fonctions déterminées par la loi elle-même constituent un ensemble qu'il n'est pas permis de diviser; qu'en le décidant ainsi et en déchargeant par suite les défendeurs au pourvoi de la responsabilité de la faute par laquelle le capitaine du *Tandem* s'est mis dans l'impossibilité de livrer aux demandeurs en cassation une certaine quantité de marchandises portant les marques et numéros indiqués aux connaissements de l'espèce, l'arrêt attaqué s'est conformé à la loi. »

63. — Pour prouver à quel point la jurisprudence de la Cour de cassation inaugurée par les arrêts qui viennent d'être cités s'est maintenue et affermie, nous mentionnerons, d'une part, deux arrêts de la Chambre civile en date du 5 décembre 1910 (1) et, d'autre part, un arrêt du 12 mars 1912 (2), émané également de la Chambre civile. Les deux premiers arrêts sont caractéristiques de la tendance des tribunaux inférieurs et des intéressés à saisir toutes les particularités des connaissements pour essayer de limiter l'application de la négligence-clause. Le tribunal de la Pointe-à-Pitre avait, dans la première espèce, refusé d'appliquer à la compagnie de navigation le bénéfice de la clause d'exonération des fautes du capitaine, sous le prétexte que les farines avariées dont le prix était réclamé avaient été chargées directement par l'armateur et que l'origine du préjudice était due à un vice d'arrimage, que la faute incombait donc à l'armateur et non au capitaine. La Cour de cassation a rejeté cette thèse en faisant remarquer que « l'arrimage se lie à la stabilité du navire et intéresse ainsi la sécurité de la naviga-

---

(1) *Rev. int. de dr. marit.*, t. 26, p. 437, et Sirey, 1911, I, 129.
(2) *Rev. int. de dr. mar.*, t. 27, 799 et Sirey, 1913, t. 355.

tion; qu'à ce titre il rentre essentiellement dans les attributions du capitaine; que, dès lors, c'est le capitaine ainsi qui, par sa fonction même, est responsable..., à moins que l'armement n'ait commis des fautes que le capitaine n'a pu prévenir ou dont il ne lui a pas été possible de conjurer les conséquences ».

La Cour suprême a, de la sorte, fortifié encore sa jurisprudence. Non seulement la négligence couvre les fautes réellement commises par le capitaine, mais elle couvre aussi celles émanant de l'armement, s'il s'agit de faits rentrant dans le pouvoir et le droit de surveillance du capitaine.

Le second arrêt du 5 décembre 1910 a été lui aussi motivé, ainsi que nous l'avons déjà indiqué, par les efforts des chargeurs pour amener un changement de jurisprudence sous le couvert de décisions d'espèces. Il semble toutefois que, dans la circonstance, les intéressés avaient élargi leur champ d'action. Le pourvoi dirigé contre un arrêt de la Cour d'appel de la Guadeloupe soutenait que la négligence-clause « ne saurait avoir effet que lorsque l'armateur n'est pas en même temps transporteur, qu'elle n'est pas applicable quand le propriétaire du navire se charge du transport des marchandises ». Si cette théorie singulière avait prévalu, c'en était fait dans la plupart des cas du rôle de clause d'exonération de responsabilité. C'est ce que comprit la Cour suprême : « Attendu, déclare-t-elle, que la clause d'exonération de ces fautes suppose, par elle-même, chez l'armateur la qualité de transporteur; que c'est précisément parce que le capitaine conduit le navire pour le compte de l'armateur et exécute les transports dont celui-ci se charge, que l'armateur est, d'après l'article 216 du Code de commerce, responsable des faits et des engagements du capitaine; qu'il importe peu qu'en fait le connaissement ait, dans la cause, été signé et que les marchandises aient été reçues par « La Québec » avant leur embarquement; que la responsabilité du capitaine, spécialement au regard de l'arrimage qui est essentiellement un acte de sa fonction, n'a pas moins commencé lorsque, suivant les constatations mêmes de l'arrêt attaqué, il a reçu à New-York le long du navire les farines litigieuses et en a alors pris charge. »

64. — On peut considérer que désormais le siège de la Cour de cassation est fait au sujet de la négligence-clause. L'arrêt du 12 mars 1912 (1) le confirmerait, si besoin était, d'une manière irrémédiable, autant par la brièveté de sa formule que par son ton catégorique. La Peninsular and Oriental Steam Navigation Company avait reçu de la société « Les Héritiers de Marie Brizard et Roger », pour les transporter, des caisses d'eau-de-vie. Ces caisses ne furent jamais remises au destinataire. Attaquée en responsabilité, la compagnie excipa tant de la clause d'irresponsabilité de ses fautes que de celle de l'exonération des fautes du capitaine. Appelée à se prononcer sur ces clauses, la Cour suprême a reconnu en ces termes une portée absolue à la seconde : « Attendu, dit-elle, que si, de ces deux clauses, la première ne pouvait avoir pour effet d'affranchir la Peninsular de toute responsabilité, elle avait du moins pour conséquence, contrairement au droit commun, de mettre la preuve des fautes qu'elle aurait commises à la charge des « Héritiers de Marie Brizard et Roger »; *que l'effet de la seconde était absolu.* »

65. — On nous accordera aisément que cette dernière formule de la Cour de cassation justifie pleinement le rapprochement que nous avons établi entre les anciens arrêts de règlement et les « arrêts de principe » rendus par la Cour suprême en matière maritime. Ainsi donc, quelles que soient les circonstances

(1) *Rev. int. de dr. marit.*, t. 27, p. 799, et Sirey, 1913, 1, 333.

de fait, la Cour de cassation n'admet plus qu'on discute la validité de la négligence-clause sous toutes ses formes et sa jurisprudence à cet égard; cette dernière vaut loi. C'est pour le moins excessif et on comprend que les intéressés et les tribunaux de commerce résistent; car ils résistent, les premiers surtout, et ce n'est pas un phénomène peu remarquable que de voir les chargeurs lutter chaque jour sur le terrain du fait contre une jurisprudence aussi formelle que celle que nous avons décrite. C'est là une situation digne de considération au premier chef sous le rapport de la méthode d'interprétation du Droit maritime et des conséquences qu'on peut en espérer sur le terrain pratique.

66. — Au premier rang des juridictions qui se refusent à s'incliner devant la jurisprudence de la Cour suprême se place le Tribunal de commerce de Bordeaux qui, d'une manière ininterrompue, a toujours déclaré la négligence-clause nulle comme contraire à l'ordre public. Mais, à côté de lui, on en rencontre d'autres. Nous citerons à l'appui de nos dires un jugement tout à fait caractéristique du Tribunal de commerce de Marseille, en date du 19 juin 1918 (1). Ce tribunal, sans aller comme celui de Bordeaux jusqu'à attaquer de front et catégoriquement le principe même de la validité de la clause, n'en paraît pas moins essayer de résister indirectement à celle-ci sur la base des circonstances de la cause. Le jugement que nous visons est à retenir, car il va plus spécialement contre un arrêt de la Cour de cassation du 25 octobre 1899 (2) et, d'une manière générale, contre la jurisprudence ci-dessus exposée qui, par ses formules, couvre entièrement l'armateur à l'égard des actes quelconques du

____

(1) *Recueil de Marseille,* 1918, 336.
(2) *Rev. int. de dr. marit.,* t. XV, p. 293.

B. 7

capitaine et des autres préposés. Le jugement de Marseille est intervenu au sujet d'une réclamation adressée par le chargeur Sauze à l'armateur Mazella et Cie, et portant sur cinquante-six balles de marchandises égarées par ce dernier.

Il est dit dans ce jugement : « Attendu que pour les cinquante-six balles manquantes, les toiles ou enveloppes vides n'ont pas pu être représentées, que la cause réelle de cette disparition de marchandise reste inconnue; que, néanmoins, les armateurs prétendent pouvoir invoquer l'article 12 de leurs connaissements, suivant lequel la compagnie ne répond pas des barateries, vices d'arrimage, vols, fautes ou négligences quelconques du capitaine, du pilote, des hommes d'équipage, mécaniciens, chauffeurs, arrimeurs, ouvriers de terre ou de toutes autres personnes au service de la compagnie, ou employées par elle à quelque titre que ce soit, tant dans l'exploitation commerciale que pendant la navigation ou dans le port; attendu que l'application d'une telle clause dans les conditions de fait où Mazella et Cie soutiennent qu'elle devrait sortir son effet serait contraire à toutes les règles de la justice et aux principes de l'équité la plus élémentaire; qu'il n'est pas possible d'admettre qu'un armateur puisse s'exonérer lui-même des délits que commettraient les gens dont il a fait choix pour concourir à l'exécution du contrat de transport; que s'il en était ainsi il serait loisible à un transporteur peu scrupuleux, de connivence avec un capitaine insolvable, de faire disparaître une portion importante, sinon la totalité de la cargaison; que, pareillement, les employés terrestres de l'armateur pourraient s'approprier après la création des connaissements des marchandises du sort desquelles l'armateur se désintéresserait complètement; que ce serait pousser à l'excès la portée des clauses d'exonération et que le tribunal de céans ne saurait entrer dans une voie qui ouvrirait la porte à tous les abus; que si, en l'espèce, l'on admet que toute idée de vol à bord doit être écartée, la disparition inexpliquée des cinquante-six balles de semoule en question proviendrait alors d'une négligence coupable équivalente au dol, qui serait imputable à un ou plusieurs des préposés des défendeurs; que devant semblable considération il serait injuste d'admettre que Mazella et Cie, pour les balles de semoule manquantes, aient pu au moyen de la clause précitée se soustraire d'avance aux conséquences d'une faute qui revêt un tel caractère de gravité. »

67. — Il y a lieu de remarquer que, franchissant les limites du dol, le Tribunal de Marseille se refuse à faire couvrir par la négligence-clause une « négligence coupable équivalente au dol ». Comme il sera toujours loisible à un tribunal de décider qu'une négligence déterminée confronte au dol, c'est bien au fond le principe même de la validité de la négligence-clause qui est atteint par la décision de Marseille, mais sous le couvert des contingences et des faits, autrement dit sous le couvert d'une décision d'espèce. Nous donnerons à cette décision toute sa portée au regard de l'élaboration et de l'interprétation actuelles du Droit maritime, si nous ajoutons que l'état d'esprit qu'elle traduit réapparaît dans des arrêts de cours d'appel. Alors que celles-ci paraissaient s'être rangées définitivement à l'opinion de la Cour suprême, depuis l'arrêt de la Cour de Bordeaux du 7 décembre 1892 (1), une certaine résistance se manifeste de nouveau chez elles. L'arrêt précité de la Cour de cassation du 12 mars 1912, qui sera intégralement reproduit plus loin, est, en effet, intervenu sur le pourvoi formé contre un arrêt de la Cour de Poitiers du 1er juillet 1907 dont les

_____

(1) *Rev. int. de dr. marit.*, t. 8, p. 525.

rédacteurs s'étaient, comme ceux du jugement de Marseille, sur la base des faits, efforcés d'éluder dans l'espèce tant les conséquences de la négligence-clause que celles de la clause exonérant l'armateur de ses fautes personnelles.

68. — La réaction qui se manifeste dans les décisions des cours d'appel et des tribunaux de commerce contre la jurisprudence de la Cour de cassation est d'autant plus significative et d'autant plus remarquable que la Cour suprême ne manque jamais une occasion d'élargir la portée d'application de sa doctrine. C'est ainsi que par un arrêt de principe du 18 juin 1918 (1), elle l'a étendue au transport des passagers, alors que tout dans l'espèce aurait dû porter la Cour de cassation à entrer dans la voie des contingences quant à la validité de la négligence-clause. La considération du respect et de la protection dus à la personne humaine ne l'a pas plus arrêtée dans la circonstance que l'idée d'équilibre des intérêts en ce qui concerne le transport des marchandises. Empruntant à ses arrêts antérieurs les termes absolus qui les caractérisent, la Cour, tout en constatant que l'accident arrivé au passager avait pour cause une faute bien établie du capitaine n'en a pas moins considéré que la responsabilité de l'armateur était couverte sans discussion possible par la négligence-clause. L'ordre public, d'après la Cour suprême, de même que les bonnes mœurs admettent que d'une manière générale et sans réserves un armateur puisse se désintéresser de la vie et de la santé des passagers compromises par les fautes de ses agents.

« Attendu, dit la Cour, que le pourvoi reproche à l'arrêt attaqué d'avoir écarté la demande en dom-

______

(1) Recueil de jurisprudence commerciale et maritime du Havre, 1918-1919, II, 31.

mages-intérêts de Chapelle, victime d'un accident arrivé au cours d'un voyage en mer par la faute du capitaine, sous le prétexte qu'une clause du connaissement exonérait l'armateur de la responsabilité civile des fautes de son préposé, alors que l'armateur était tenu de conduire le voyageur sain et sauf à destination; mais attendu que s'il est constant que l'exécution d'un contrat de transport comporte, pour le transporteur, l'obligation de conduire le voyageur sain et sauf à destination, le transporteur peut échapper aux conséquences de l'inexécution de cette obligation quand il fait la preuve que l'accident provient d'une cause étrangère qui ne peut lui être imputée; attendu qu'il est constaté par l'arrêt attaqué que l'accident arrivé à Chapelle a eu pour cause une faute établie et non contestée du capitaine, — qu'une clause du contrat de transport de l'armateur exonérait l'armateur des fautes du capitaine, et que, vainement, le pourvoi soutient que cette clause était illicite; qu'en effet, tout en admettant que l'ordre public ou les bonnes mœurs ne permettraient pas, en principe, de s'exonérer des fautes de ses préposés, et, s'il est vrai que le capitaine soit le commis ou le préposé du propriétaire du navire, il est également vrai que, dans l'exercice de son commandement, le capitaine échappe, en fait et en droit, à l'autorité de son commettant et à sa direction; qu'aussi lui-même est-il frappé, par les articles 221 et 222 C. com., d'une responsabilité directe et principale, et que pour la même raison l'article 353 du même Code, dans ses termes généraux, permet aux propriétaires de navires, comme aux simples chargeurs, de se faire assurer contre toutes prévarications et fautes du capitaine et de l'équipage; d'où il suit qu'en déclarant valable dans l'espèce la clause du connaissement par laquelle la Compagnie Générale Transatlantique déclinait la responsabilité des fautes ou négligences quelconques du capitaine et en rejetant la demande de Chapelle, l'arrêt attaqué n'a violé aucune loi. »

On le voit, la rédaction acceptée par la Cour de cassation pour ses arrêts antérieurs relatifs au transport des marchandises fait en somme, dans son esprit, office de texte de loi. On la retrouve tout entière dans l'arrêt du 18 juin 1918. La physionomie formelle de la jurisprudence de la Cour suprême en matière de Droit commercial maritime se trouve du coup entièrement décrite.

SECTION II

LE « PARTICULARISME » INTERNE DU DROIT MARITIME ACTUEL. ÉVOLUTION VERS UN « PARTICULARISME » ESSENTIELLEMENT RELATIF, SE TRADUISANT PAR L'ABANDON DE VIEILLES INSTITUTIONS SANS CONCORDANCE AVEC LA VIE MARITIME CONTEMPORAINE ET PAR LA TENDANCE A UNE UNIFICATION PROGRESSIVE DU DROIT COMMERCIAL MARITIME, DU DROIT COMMERCIAL GÉNÉRAL ET DU DROIT CIVIL.

69. — Malgré des apparences au premier abord contraires, le particularisme externe du Droit commercial maritime actuel se présente, en définitive, comme essentiellement relatif et contingent. Il tient après tout à l'abstention du législateur et à l'influence sur la jurisprudence de la doctrine connue sous le nom de doctrine de l'autonomie de la volonté; il suffirait de quelques textes pour porter la plus grave atteinte à ce particularisme externe en réduisant à néant la liberté trop absolue des diverses corporations maritimes dans la rédaction de leurs statuts professionnels et, du même coup, par voie de conséquence, la jurisprudence à l'aide de laquelle cette liberté a pu prendre sa complète expansion (1). Quoi qu'il en soit, le particularisme externe du Droit maritime devait imprimer, par la force même des choses, au particularisme interne le même caractère essentiellement relatif et contingent. C'est ce que nous montrerons très rapidement, le but de notre étude nous empêchant tout spécialement d'entrer dans des détails à cet égard sans risquer à la fois d'être profondément incomplet et de dépasser par ailleurs sans utilité la portée de notre pensée primitive.

70. — Nous avons antérieurement, dans l'analyse du contenu de la définition du Droit commercial maritime et dans la détermination du domaine d'application de celui-ci, nous avons, disons-nous, dégagé les rapports de droit relatifs à la vie maritime et par lesquels se traduit le commerce maritime, en même temps que signalé les institutions juridiques dominant ces rap-

---

(1) Loin de nous la pensée de croire qu'une législateur puisse espérer réglementer en détail la vie du commerce maritime. Le jour où conformément à divers projets de loi on admettra, par exemple, la clause de non-responsabilité pour les fautes nautiques du capitaine et où on la rejettera pour les fautes commerciales, on discutera sur la notion de faute nautique et celle de faute commerciale, comme aussi sur leur existence dans les diverses hypothèses. N'empêche que la situation serait tout autre. C'est tellement l'avis du monde maritime que lorsque la sous-commission appelée à préparer cette réforme au sein de la Commission chargée par arrêté ministériel du 20 août 1915 de reviser le livre II du Code de commerce émit son vote, seuls à une voix près les représentants des armateurs se prononcèrent pour la validité de la clause. Voir les détails sur ce point dans *l'Exposé des motifs du projet gouvernemental précité de* 1917. Nous noterons à cette occasion que sous prétexte de faire appel à toutes les compétences, l'arrêté ministériel du 20 août 1915 constitua une Commission de réforme du livre II du Co. co. beaucoup trop nombreuse et mit en présence d'une manière trop directe les diverses corporations concurrentes. (Voir sa composition dans *Rev. int. de droit maritime*, 1915-17, p. 175 et 404.) Les coalitions sont en ce cas à redouter. Colbert avait mieux compris la situation quand avant de rédiger l'ordonnance de 1681 il fit faire une enquête dans les ports, mais réserva la rédaction à des juristes à la fois spécialistes en matière maritime et désintéressés. Sur la rédaction de l'ordonnance de 1681, comp. Glasson, *Histoire du droit et des institutions de la France*, tome 8, p. 201 et s.

ports. Auparavant nous avons précisé que le particularisme interne du Droit maritime pouvait se présenter sous deux formes : une forme absolue faite d'institutions rigoureusement spéciales au Droit maritime et une forme relative faite, au contraire, d'une adaptation des règles du Droit commercial général et du Droit civil aux besoins de la vie commerciale maritime. Il est incontestable que si le particularisme interne du Droit commercial maritime actuel revêt cette seconde forme, ce particularisme sera essentiellement relatif; nous irons même plus loin, il sera presque nominal; nous tendons, en effet, s'il en est ainsi, vers une unification progressive du Droit commercial maritime, du Droit commercial général et du Droit civil, unification qui répondra à l'identité de nature spécifique de ces trois branches du droit et qui ne les empêchera pas, d'ailleurs, de subsister sous la forme de floraisons distinctes s'élançant du même tronc. Or, c'est en présence d'une situation de cette nature que nous nous trouvons en réalité, et la grande difficulté actuelle en matière d'interprétation du Droit maritime consiste précisément à discerner ce qui dans une espèce donnée ressortit au Droit maritime ou, au contraire, au Droit civil ou au Droit commercial. Rien n'est plus aisé que de démontrer la vérité de notre assertion.

71. — La disparition de l'ancien « particularisme » interne du Droit commercial maritime sous sa forme absolue; le double mouvement en sens inverse au moyen duquel s'effectue cette disparition. — L'ancien particularisme absolu du Droit commercial maritime fait d'institutions rigoureusement propres au commerce maritime est en train de s'évanouir d'une double façon. Certaines de ces institutions se trouvent bien subsister, mais subsister à l'état mort, en ce sens que la vie commerciale s'est détournée d'elles; ce sont des monuments évoquant le passé et pas autre chose. Le type de ces institutions est le prêt à la grosse aventure (1).

(1) Il peut paraître assez inutile d'insister, d'une part, sur la disparition pratique du prêt à la grosse et, d'autre part, sur son maintien législatif. Il nous semble toutefois intéressant de citer quelques extraits des développements consacrés par M. Danjon, à ce phénomène; ce sont tout autant de regrets exprimés par cet auteur moderne, au fond très traditionaliste, à l'occasion de la mort d'une institution qui lui est chère parce que représentant le passé; ce sont tout autant de fleurs jetées sur la tombe du prêt à la grosse, qu'on veuille bien nous pardonner cette image : « Ce qui avait fait pendant des siècles la grandeur du prêt à la grosse, écrit M. Danjon, devait, un jour, en amener le déclin et la disparition graduelle; lorsqu'au XIVe siècle l'assurance maritime eut été séparée du prêt à la grosse, et fut devenue un contrat distinct vivant de sa vie propre, le prêt à la grosse reçut un coup mortel, et il ne tarda pas à être supplanté par son rejeton. C'est ce que constatait déjà Emérigon au début de son célèbre *Traité des contrats à la grosse aventure* : « Le contrat à la grosse et celui d'assurance, disait-il, ont une grande affinité...; ce sont deux frères jumeaux auxquels le commerce maritime a donné le jour...; on ne saurait disputer le droit d'aînesse au contrat à la grosse...; mais le contrat d'assurance a su acquérir un plus vaste empire, et sa noblesse, quoique moins ancienne, l'emporte parmi nous sur celle de l'autre. » Du moment, en effet, où les propriétaires de navires et de cargaisons purent, au moyen d'une assurance, se mettre directement à l'abri des fortunes de mer, ils n'eurent plus besoin de recourir dans ce but au procédé détourné de l'emprunt à la grosse. Il est vrai qu'ils pouvaient, après comme avant l'invention des assurances, avoir besoin de se procurer de l'argent pour leur entreprise, et que l'emprunt à la grosse avait l'avantage de leur fournir cet argent en même temps que la sécurité; mais l'emprunt à la grosse leur faisait payer cher cet avantage; quand la législation révolutionnaire eut légitimé le prêt à intérêt, ils renoncèrent à emprunter à la grosse avec obligation de payer un intérêt maritime surélevé, pour contracter tout simplement des prêts ordinaires avec intérêts au taux courant. Sans doute cela conduit les intéressés à faire deux séries de contrats distincts au lieu d'un seul, mais cette division même donne aux relations juridiques plus de souplesse et plus de précision. D'ailleurs, considéré comme instrument de crédit, le prêt à la grosse a été l'objet, de la part du législateur, d'un changement d'attitude aussi marqué que celui des particuliers : ils ont cessé de le favoriser, pour chercher au contraire à le restreindre, sinon à le supprimer, au profit d'autres moyens de crédit maritime qu'ils organisaient, tels que l'hypothèque des navires, et dont le prêt à la grosse avait entravé le développement en les primant, grâce à son caractère privilégié. Il résulte de tout cela que le prêt à la grosse

D'autres institutions, pourtant considérées par les auteurs comme fondamentales et, partant, comme caractéristiques du Droit commercial maritime, sans avoir le même sort que le prêt à la grosse, n'en sont pas moins, en fait, sérieusement ébranlées parce que sapées dans leur base par le courant actuel de la vie

est depuis longtemps déjà une institution en pleine décadence et qui semble même en voie de disparaître. La forme primitive de prêt à la grosse, celle qui avait été très pratiquée dans l'antiquité, le prêt fait aux armateurs ou aux chargeurs avant le départ, est devenue de plus en plus rare et n'est plus guère connue aujourd'hui. Seule l'espèce de prêt à la grosse, qui s'était introduite dans le Droit coutumier, le prêt au capitaine en cours de voyage, a encore un peu d'importance pratique. » M. Danjon est au surplus obligé de reconnaître que même cette seconde forme de prêt à la grosse n'est pour ainsi dire qu'un souvenir : « La forme de prêt à la grosse qui a survécu, ajoute, en effet, M. Danjon, tend elle-même à disparaître; les emprunts à la grosse faits par les capitaines en cours de route deviennent de moins en moins fréquents à mesure que les moyens de communication se font plus rapides et les moyens de crédit plus faciles. De nos jours les grands armateurs et les grands négociants ont, dans les ports étrangers les plus importants, des représentants ou des correspondants chez lesquels les capitaines qui commandent leurs navires ou qui transportent leurs marchandises trouvent des fonds en cas de besoin imprévu. Même sans cela les capitaines peuvent, en usant des divers moyens de crédit dont on dispose aujourd'hui, se procurer assez facilement des ressources, ou contracter des emprunts ordinaires, pour le compte des armateurs ou des chargeurs; ils évitent ainsi à ceux-ci la surélévation du taux de l'intérêt que comporte l'emprunt à la grosse, et, tout au moins en ce qui concerne les armateurs, ils ne leur font guère courir plus de risques qu'avec un emprunt à la grosse, parce que la faculté d'abandon du navire et du fret que la loi du 14 juin 1841 a définitivement attribuée aux armateurs pour les dettes résultant des contrats des capitaines, donne aux armateurs un moyen de faire supporter en fait par les prêteurs ordinaires les sinistres que des prêteurs à la grosse auraient pris à l'avance à leur charge. » Et M. Danjon de conclure avec M. Ripert : « Le prêt à la grosse n'est plus aujourd'hui qu'une curiosité historique. » Danjon, tome V, p. 321-324; Ripert, tome I, n° 932. Nous citons à dessein ce long passage d'un auteur moderne de droit maritime parce que dépassant le point spécial auquel il a trait il montre toute l'évolution qui s'est produite dans le droit maritime en faveur d'un rapprochement de celui-ci avec le droit civil et le droit commercial terrestre, autrement dit avec le droit privé général.

commerciale maritime. C'est le cas de l'abandon du navire et du fret considéré en tant que limitation de la responsabilité de l'armateur à raison des faits et engagements du capitaine : « Cet abandon du navire, déclare M. Ripert, est le système français d'une limitation de responsabilité qui existe dans tous les pays au profit des propriétaires de navires. Toutes les législations admettent que le propriétaire ne saurait être responsable du fait de ses préposés maritimes sur l'ensemble de son patrimoine; toutes font une distinction, exposent à l'action des créanciers la fortune de mer, sauvegarde de la fortune de terre. Cette unanimité nous avertit que nous touchons à un des principes fondamentaux du Droit maritime. » (1). Mais cet auteur n'en est pas moins obligé de reconnaître que, au moyen de la négligence-clause, l'armateur a su trouver le moyen de sauvegarder bien plus efficacement ses intérêts en excluant toute responsabilité, ce qui rend quelque peu inutile en fait une limitation légale de responsabilité. L'abandon du navire et du fret n'en a pas moins une portée en matière d'assurance; mais il faut se garder d'exagérer sous le rapport scientifique la distinction de la fortune de terre et de la fortune de mer. Comme le dit très bien un auteur récent : « Que l'expression « fortune de mer » n'induise point en erreur. Elle n'est pas strictement exacte et constitue plutôt « une image propre à frapper l'esprit et à s'y graver facilement ». Pour couvrir sa responsabilité, l'armateur n'est pas obligé, comme elle le ferait croire, d'abandonner tous les navires qu'il peut posséder et tous les frets que ces navires ont gagnés. Il lui suffit de faire à ses créanciers l'abandon du navire, à l'occasion duquel il s'est trouvé obligé vis-à-vis d'eux et du fret produit par ce navire — et par ce

(1) Ripert, tome 1, p. 878.

navire seul — dans une seule expédition que nous déterminerons plus loin. A l'égard de ces créanciers, les frets antérieurement gagnés par ce navire dans des voyages précédents, ainsi que les autres navires de l'armateur font partie de sa fortune de terre. » (1). Ainsi que le dit également Cosack (2), « chaque navire constitue le centre d'une fortune de mer particulière; autant un armateur possède de navires, autant il possède de fortunes de mer », et l'on peut ajouter qu'à chaque expédition ces fortunes de mer se renouvellent (3). Nous reviendrons sur cette question à propos de la condition juridique du créancier chirographaire en matière maritime.

72. — A l'inverse de celles dont nous venons de faire état, d'autres institutions originales du Droit maritime répondaient à des nécessités beaucoup plus générales que celles du commerce maritime ; loin de mourir par conséquent, elles ont, au contraire, revêtu des formes nouvelles et élargi leur domaine en se transportant dans le Droit civil et le Droit commercial. Il n'en reste pas moins que le Droit commercial maritime a perdu par cette seconde voie une partie de sa physionomie première; tout en s'imposant par ses institutions au Droit privé tout entier, il ne s'est pas moins en quelque sorte suicidé, l'uniformité du Droit privé à laquelle nous faisions allusion antérieurement se réalisant de la sorte progressivement.

Au nombre des institutions qui ont franchi le domaine du Droit maritime pour essaimer ailleurs se trouve au premier plan l'assurance; elle a aujourd'hui les applications les plus diverses dans toutes les bran-

---

(1) Prodomidès, *Les restrictions légales à la responsabilité des propriétaires de navires*. Th. Paris, 1920, p. 174.
(2) Cosack, tome I, p. 43.
(3) Prodomidès, *op. cit.*, p. 175.

ches de l'activité humaine; or, elle a été rigoureusement spéciale au Droit maritime; l'article 1964 du Code civil constitue sous une forme curieuse un témoignage qu'il en était encore ainsi en 1804. « Le contrat aléatoire, y est-il dit, est une convention réciproque dont les effets, quant aux avantages et aux pertes soit pour les parties, soit pour l'une ou plusieurs d'entre elles, dépendent d'un événement incertain. Tels sont : le contrat d'assurance, le prêt à la grosse aventure, le jeu et le pari, le contrat de rente viagère. Les deux premiers sont réglés par les lois maritimes. » Qu'un article en vigueur du Code civil vienne déclarer que l'assurance est encore aujourd'hui spéciale au Droit maritime, c'est, pour le moins, caractéristique du respect religieux du législateur moderne pour les vieux textes; l'article 1964 plaçant sur le même pied l'assurance et le prêt à la grosse et les représentant comme régis par les lois maritimes n'en traduit pas moins l'ancien particularisme absolu du Droit maritime; de même le rapprochement de ce texte avec l'état de choses contemporain prouve la relativité de ce même particularisme à l'heure présente, le prêt à la grosse n'étant plus qu'un souvenir et l'assurance étant, au contraire, à tout point de vue l'institution de l'avenir, une institution aux horizons infinis(1). A côté de l'assurance nous trouvons comme institutions s'étant généralisées toutes celles relatives à la protection des gens de mer, aussi bien sous le rapport de leurs salaires que de leurs personnes. La législation ouvrière de nos jours n'est pas autre chose, dans ses grandes direc-

____

(1) Sur le développement de l'assurance au XIXᵉ siècle et son extension du domaine maritime au domaine terrestre, notamment sous la forme de l'assurance sur la vie et de l'assurance contre l'incendie, voir Senss, *Les origines des compagnies d'assurances soit à primes, soit mutuelles, fondées en France depuis le XVIIᵉ siècle jusqu'à nos jours*, Paris, 1900.

tives, que l'application au domaine industriel et commercial en général de règles que le Droit maritime consacrait à une époque très ancienne; c'est, au surplus, aujourd'hui une grosse difficulté que de déterminer le domaine d'application de la législation ouvrière terrestre et celui de la législation ouvrière maritime (1).

Il n'est pas jusqu'à des institutions que tout semblait cantonner dans le Droit maritime qui n'aient pénétré dans le Droit civil et le Droit commercial terrestre sous une forme appropriée et parce qu'elles représentaient malgré les apparences une application caractéristique d'une organisation juridique générale. C'est le cas de la mutation en douane. Qu'on place l'origine de cette institution dans le décret du 27 vendémiaire an II ou qu'on veuille la faire remonter au Règlement de Strasbourg de 1681, peu importe. Ce qui est certain, c'est que la publicité du transfert de propriété des navires a trouvé sa consécration en matière civile sous le couvert de la transcription et en matière commerciale sous le couvert des mesures de publicité établies par les lois des 17 mars 1909 et 31 juillet 1913. Mutation en douane, transcription, publicité de la vente des fonds de commerce obéissent respectivement à des règles de détail différentes. Elles n'en sont pas moins une émanation variée d'une même conception juridique. La loi du 5 juillet 1917

(1) Nous pourrions citer encore le droit de suite des créanciers chirographaires en matière maritime, adapté au fonds de commerce par les lois des 17 mars 1909 et 31 juillet 1913. Mais on peut se demander si c'était là une institution rigoureusement spéciale au droit maritime. Seule la conception inexacte de la condition juridique du créancier chirographaire mise en avant par l'Ecole de l'Exégèse à son déclin a pu le faire croire. Voir la démonstration de cette idée dans J. Bonnecase, *La condition juridique du créancier chirographaire. Sa qualité d'ayant cause à titre particulier;* — *Revue trimestrielle de droit civil,* 1920, p. 1-48. Nous aurons à revenir sur ce point.

sur l'immatriculation des bateaux de rivière devait à son tour élargir encore en quelque sorte la portée de la mutation en douane, car, sous réserve de la réglementation de détail, l'immatriculation de la loi de 1917 n'est pas autre chose, au point de vue organique, que la mutation en douane transférée en droit fluvial, c'est-à-dire, on le sait, un droit terrestre. Du même coup, il a été créé un état civil pour les bateaux de rivière comme il existait pour les navires, puisque l'immatriculation comporte le nom du bateau, son tonnage, etc. Il n'est pas bien sûr qu'à leur tour les auteurs de la loi du 18 mars 1919 sur le registre du commerce n'aient pas été sous l'impression des règles relatives à l'individualisation des navires quand, parmi les mentions exigées par cette loi, ils ont placé l'enseigne ou la raison de commerce de l'établissement exploité au même titre que son objet.

73. — Nous n'insisterons pas davantage sur cette disparition par deux voies différentes de l'ancien particularisme absolu du Droit commercial maritime, car c'est là un fait trop connu et que les partisans les plus avérés du particularisme du Droit commercial maritime sont les premiers à reconnaître : « D'une part, écrit M. Ripert, le Droit maritime adopte des règles du droit commun; d'autre part, il pénètre dans le Droit civil par une généralisation de l'institution maritime ou un développement de l'idée qui l'a créée. Ainsi, par exemple, pendant longtemps le Droit maritime a connu un procédé de crédit tout à fait original, le prêt à la grosse.

« Aujourd'hui ce procédé n'a plus aucune importance et voilà une institution originale perdue. Elle a été remplacée partiellement par la création de l'hypothèque maritime, pénétration d'une règle de Droit civil dans le Droit maritime, ou encore par les avances sur marchandises que pratique le Droit terrestre. Ainsi encore l'ancienne copropriété des navires disparaît et on lui substitue les sociétés d'armement empruntées au Droit commercial terrestre. Quand des contrats maritimes nouveaux apparaissent (remorquage, transport de passagers) on leur applique les règles contractuelles du Droit commun. Enfin, c'est maintenant la législation industrielle qui envahit le Droit maritime, impose, par exemple, le repos hebdomadaire ou la durée maxima du travail, parce que de telles règles existent ailleurs. D'autre part, des institutions propres autrefois au Droit maritime ont passé dans le Droit commun. Sous la poussée des nécessités pratiques, le Droit maritime avait créé des règles originales d'autant plus facilement adoptées qu'on se préoccupait peu de les faire cadrer avec le Droit commun. Aujourd'hui le domaine de ces institutions s'est singulièrement élargi. Ainsi on ne connaissait autrefois d'autre assurance que la maritime; aujourd'hui tous les risques ou presque peuvent être assurés. Ainsi encore, l'obligation de soigner le marin malade ou blessé au service du navire, imposée à l'armateur, est une première apparition de l'idée du risque professionnel, qui passée dans la législation commune, assure la réparation de tous les accidents du travail. C'est aussi l'insaisissabilité du salaire des marins qui n'offre plus rien d'exceptionnel, l'assurance obligatoire contre l'invalidité devenue loi commune de tous les travailleurs. Peut-être ici cette pénétration du Droit commun par le Droit maritime n'est-elle pas terminée. On s'apercevra un jour que la transmission par la transcription ou que l'idée d'un patrimoine commercial spécialisé peut donner de bons résultats pour tous les commerçants. » (1).

Nous citons à dessein le tableau de la sorte tracé par M. Ripert, à la fois à raison de la haute autorité

____

(1) Ripert, t. I, p. 41-42.

de cet auteur en Droit maritime contemporain et parce qu'il prouve que même en se plaçant sur le terrain du particularisme du Droit maritime tous ceux qui sont versés dans la science et la pratique de cette branche du Droit se trouvent au fond d'accord. M. Ripert le prouve bien en déclarant : « Il faut ajouter que lorsqu'un mouvement est commencé, il porte en lui-même une force qui active sa marche; c'est un besoin d'uniformité, une tendance de notre esprit à faire rentrer toutes les institutions dans le même cadre, le désir d'avoir un bel organisme juridique. Un pays de logiciens comme la France aime naturellement cette régression du Droit commercial. » (1). Tout en constatant le réveil du particularisme par le moyen de conventions internationales et sous la forme d'une législation internationale esquissée par des spécialistes du Droit maritime, M. Ripert complète sa pensée par l'appréciation suivante sur l'avenir réservé à une pareille tentative : « Cette résurrection du particularisme, dit-il, présente des dangers parce qu'elle est artificielle. Il ne faut certes pas, méconnaissant la nature et l'objet du Droit maritime, lui incorporer toutes les règles de droit commun. Mais il serait dangereux aussi de le séparer trop brusquement de l'ensemble de notre législation. Son originalité doit être maintenue avec beaucoup de délicatesse. Il faut lui adapter le Droit commun en tenant compte des différences de situation, bien plutôt que créer arbitrairement, à la suite d'une décision prise en congrès, une règle qui n'a jamais été éprouvée, dont l'originalité n'est pas sans danger et la répercussion ne peut être calculée. » (2).

74. — Cela est si vrai que des institutions demeurées

(1) Ripert, t. I, p. 42-43.
(2) Ripert, t. I, p. 43-44.

B.

propres au Droit maritime et gardant toute leur individualité ne s'éclairent pas moins aujourd'hui, organiquement et rationnellement, à la lumière des transformations du Droit privé général. Prenons, par exemple, l'institution des avaries communes dont la nature juridique est discutée et à l'occasion de laquelle certains jugent à propos de faire intervenir même les textes du droit romain. Est-ce que pourtant l'institution des avaries communes ne s'explique pas, organiquement et rationnellement, par les idées aujourd'hui en cours : de risque, d'assurance mutuelle ou encore d'assurance obligatoire? (1). Mais n'insistons pas; un

(1) On a renoncé depuis longtemps à expliquer l'institution des avaries communes par les obligations découlant du contrat d'affrètement; il est évident que ce système, qui était le système du Droit romain, n'arrive pas à rendre raison de l'obligation pour tous les intéressés à un chargement de supporter un sacrifice volontairement imposé par le capitaine à l'un d'eux; on a beau dire que le propriétaire des marchandises sacrifiées a contre le capitaine l'action en délivrance dérivant du contrat d'affrètement et que le capitaine a, à son tour, une action issue du même contrat contre les autres chargeurs pour se faire indemniser, on ne voit pas comment le contrat d'affrètement crée cette obligation à contribution. Même le Droit romain, malgré les artifices de sa technique formaliste et raffinée, n'était pas parvenu à satisfaire l'esprit (Comp. Ripert, t. I, p. 591; Danjon, t. III, p. 293; Lyon-Caen et Renault, t. VI, p. 13). — On a songé, comme seconde justification des avaries communes, à la notion de gestion d'affaires et par suite à la notion de quasi-contrat. Ce système ne vaut pas mieux que le premier et pour une raison inverse. Alors que dans la conception précédente on s'efforce de donner au contrat d'affrètement une portée que de par sa nature spécifique il ne peut pas avoir, dans la seconde on ignore ce même contrat d'affrètement et on lui substitue un quasi-contrat, ce qui est aller contre la réalité même des choses. Les auteurs paraissent d'accord pour rejeter l'idée de gestion d'affaires (comp. Danjon, t. III, p. 394). — Ils semblent au contraire favorables à l'idée d'enrichissement sans cause. Au premier abord, cette explication ne paraîtrait pas valoir mieux que la précédente puisque l'enrichissement obtenu sans cause aux dépens d'autrui serait le trait commun réunissant tous les faits appelés quasi-contrats. Mais les partisans de l'enrichissement sans cause semblent voir dans cette idée une donnée immédiate de la notion de Droit, l'idée d'équilibre des intérêts et, par suite, ils

fait est à cette heure certain, en tout cas incontestable et incontesté. Certaines, on peut dire le plus grand nom-

échappent de la sorte à l'objection du quasi-contrat substitué au contrat. « Il est beaucoup plus simple et plus sûr, déclare M. Danjon, de considérer l'obligation pour tous les intéressés de contribuer aux avaries communes comme une application de la règle « d'éternelle équité » qui « domine toutes les lois » et d'après laquelle nul ne doit s'enrichir au détriment d'autrui; ceux des intéressés dont les biens ont été sauvés grâce au sacrifice fait dans l'intérêt de tous s'enrichiraient aux dépens de ceux dont les biens ont été sacrifiés, s'ils ne devaient pas indemniser ceux-ci; de là, la contribution due par les uns aux autres, contribution qui précisément est organisée par la loi conformément aux règles du droit commun sur l'enrichissement sans cause » (Danjon, t. I, p. 393.) Si M. Danjon et ceux qui partagent son opinion évitent l'objection tirée de la substitution d'un quasi-contrat à un contrat, ils ne satisfont pas néanmoins pleinemen l'esprit. L'idée d'enrichissement sans cause n'est pas autre chose que la traduction, sous un aspect particulier, de la notion du Droit qui tend d'elle-même, du fait de son contenu, à la réalisation de l'équilibre des divers intérêts en présence dans une situation donnée. Mais la notion de Droit remplit sa fonction sur la base de la réalité et dans l'espèce la réalité nous présente des contrats d'affrètement à l'occasion desquels il faut justifier l'existence de prestations qui n'ont rien à voir avec le louage de services, dont le contrat d'affrètement est une manifestation. Il faut donc chercher autre chose. Nous ne voyons pas, quant à nous, d'autre explication possible que celle de l'idée d'assurance mutuelle à laquelle d'ailleurs semble se rattacher M. Ripert sous le couvert de la « théorie de l'union d'intérêts entre l'armateur et les chargeurs ». En effet, prêt à la grosse, assurance, avaries communes et même d'autres institutions telles que le contrat de commande ou même l'ancienne copropriété des navires semblent avoir été, sous des formes diverses et à des titres divers, des manifestations particulières du souci par des intéressés à la vie maritime de mettre en commun les risques courus par eux. Plus spécialement les trois premières institutions : prêt à la grosse, assurance, avaries communes s'emboîtent les unes dans les autres. Le prêt à la grosse a été la forme primitive de l'assurance; l'institution des avaries communes n'est pas elle-même autre chose qu'un système d'assurance; le fait qu'elle a apparu dans les temps les plus anciens n'empêche en rien ni pour rien qu'on ne l'explique aujourd'hui, organiquement et rationnellement, par l'idée d'assurance mutuelle obligatoire. Nous ne voyons pas, quant à nous, comment on peut rendre raison sans cela, de ce fait que tous les participants à une expédition maritime subissent les conséquences d'un sacrifice effectué dans l'intérêt général. Nous ne disons pas que la loi en organisant

bre, des institutions originales de l'ancien Droit maritime ne sont plus que des formes antiques d'institutions actuellement en honneur dans tous les domaines du Droit privé. Par suite, le premier aspect possible du particularisme interne du Droit commercial maritime que nous appellerons particularisme de structure, par opposition au second aspect que nous appellerions, si nous ne craignions d'être trop prétentieux, particularisme biologique, ce premier aspect, disons-nous, se ramène à une différence de réglementation d'institutions très générales que le Droit civil et le Droit commercial général se sont appropriées sous la pression des faits et de l'évolution sociale rationnelle. Nous sommes ainsi conduits à l'examen de ce que peut être aujourd'hui le second aspect du particularisme interne qui se fond en réalité avec le premier.

75. — Le « particularisme » interne du Droit commercial maritime sous sa forme relative. — Nous avons dit que ce second aspect du particularisme interne se ramènerait à une réglementation différente de rapports de droit prévus également par le Droit civil et le Droit commercial. Cette constatation nous place sur le même terrain que celui que nous avons déjà rencontré quand nous avons cherché à délimiter le Droit commercial terrestre et le Droit civil. Nous avons démontré que le plus grand nombre des actes de commerce prévus par l'article 632 du Code de commerce n'étaient que des opérations juridiques prévues par le Droit civil et tenaient une forme spéciale en l'espèce de ce qu'ils traduisaient juridiquement la vie

les avaries communes présume la volonté des intéressés; nous disons que la loi sous l'inspiration immédiate de la notion de Droit met en état d'assurance obligatoire ceux qui se livrent à une expédition maritime sur la base de la situation de fait créée par celle-ci. Voir l'exposé quelque peu différent que fait M. Ripert de la situation tout en aboutissant à des conclusions assez semblables aux nôtres (Ripert, t. II, p. 600-601).

commerciale. Il est un fait certain, par exemple : c'est que la vente commerciale n'est pas autre chose que la vente civile adaptée au commerce, tant au point de vue des conditions rapides et sommaires de sa formation que de sa preuve et que des modalités l'affectant pour mieux lui permettre d'atteindre son but. Or, s'il est un acte de commerce qui donne lieu journellement devant les tribunaux à des difficultés que l'on se plaît à placer sur le terrain du Droit maritime, c'est bien la vente dite vente maritime, sous ses diverses formes : vente fob, vente caf, vente par navire désigné, vente sur embarquement. Nous avons dit nous-même antérieurement qu'il s'agissait là de rapports de droit régis par le Droit maritime du fait que le navire et son exploitation commerciale constituaient leurs moyens de réalisation. Mais, à vrai dire, que présente de spécial au Droit maritime la réglementation coutumière et jurisprudentielle desdites ventes ? Rien, ou à peu près, toute la question se ramenant à savoir quels sont, du fait de la nécessité du transport par mer, le moment où se conclut la vente, les modalités dont elle est affectée, les obligations en résultant pour les parties. La preuve en est que la vente fob a été finalement considérée comme une vente terrestre, parce que définitivement conclue dès que les marchandises sont déposées le long du navire. Mais si l'on fait abstraction des obligations que consent à assumer le vendeur dans la vente caf, celle-ci, au point de vue de sa formation, est-elle donc si différente de la vente fob, puisqu'elle est considérée comme parfaite avant que ne soit effectué le transport par mer ? D'autre part, rencontre-t-on en pratique et régulièrement dans les diverses hypothèses de vente maritime une application rigoureuse et intégrale des quatre types de ventes maritimes qu'on s'est plu à systématiser et à distinguer ? Pas du tout; même quand le contrat porte, formellement indiqué, l'un des noms précités, il se trouve parfois que c'est le type contraire que les parties ont en fait consacré par suite d'une clause insérée dans le contrat. En réalité, les notions de terme et de condition jouent sous le couvert de la navigation maritime à l'occasion des ventes maritimes. C'est pourquoi nous avons avancé que la navigation maritime n'intervenait que comme moyen de réalisation matérielle relativement aux ventes maritimes; c'est pourquoi nous remarquons maintenant que la vente maritime ne présente au fond rien qui, sur le terrain des obligations sainement entendu, soit spécifiquement du domaine du Droit maritime. N'oublions pas, en effet, que le contrat de transport pris en lui-même ne réagit pas sur la nature même de la vente, mais constitue simplement un risque que les parties prennent en considération pour régler les effets du contrat à leur égard. Notre conclusion est donc que le particularisme interne du Droit commercial maritime ne puise aucun aliment dans les ventes maritimes. Notre affirmation est grave, mais qu'on veuille bien l'examiner et on s'apercevra, nous en sommes persuadé, de son bien-fondé (1).

(1) Donnons à cet égard quelques explications complémentaires sur la base des décisions de jurisprudence. Rappelons tout d'abord les définitions des ventes maritimes. La vente *fob* ou *franco-bord* suppose que les marchandises sont livrées à l'acheteur ou à son représentant devant le navire qui est chargé de les transporter. Mais la vente fob comporte une variante qui n'est pas sans constituer une forme transitoire entre la vente fob proprement dite et la vente caf; nous visons par là la vente franco à bord dans laquelle le vendeur est obligé d'assurer le placement des marchandises à bord du navire. Le rôle du vendeur grandit dans la vente *coût, assurance, fret* ou vente *caf* dans laquelle le vendeur se charge, en outre, d'assurer les marchandises et d'organiser leur transport. Qu'il s'agisse des unes ou des autres, un fait est certain : ces ventes opèrent le transfert de la propriété et des risques à l'acheteur dès que les marchandises sont embarquées; ce sont des ventes *à l'embarquement*. Les difficultés qu'elles peuvent soulever tiennent à la manière dont le vendeur aura exécuté ses obligations et que seule la vérification de la marchandise

Allons plus loin et attaquons-nous au contrat d'affrètement lui-même. Tandis que nous avons rangé l'assu-

à l'arrivée permettra principalement de contrôler. Une différence beaucoup plus mince qu'on ne le croit ordinairement sépare donc la vente fob et la vente caf, si l'on s'en tient au transfert de propriété et à sa date. Au contraire, face à elles et constituant un groupe tout différent se dressent la vente *par navire désigné* et la vente *sur embarquement*. Dans la première, seules l'indication du navire destiné à transporter les marchandises et la nécessité de leur embarquement sur ledit navire sont fermes; quant au transfert de la propriété des marchandises, il ne se réalisera que si celles-ci parviennent à bon port; la vente par navire désigné est donc une vente *au débarquement*, une vente conditionnelle. Il en est de même de la vente sur embarquement, malgré son nom; la caractéristique de cette vente consiste en ce que le vendeur est astreint à embarquer les marchandises dans un certain délai sans avoir à spécifier avant l'arrivée à destination le lot affecté à l'acheteur, parmi ceux embarqués par lui pendant ledit délai. Cette circonstance a de l'importance au point de vue des risques; sans doute, les risques sont pour le vendeur; mais tandis que celui-ci est dégagé de ses obligations par la perte totale et fortuite des marchandises dans la vente par navire désigné, il peut se voir obligé de remplacer les choses vendues dans la vente sur embarquement, sous prétexte qu'il n'y avait d'individualisation d'aucune sorte, qu'il s'agissait de choses de genre. — Quoi qu'il en soit, on voit que sur le terrain organique et descriptif, les divers types de ventes maritimes s'opposent plus ou moins nettement et qu'à cet égard elles se classent en deux groupes : ventes pures et simples ou ventes fermes, d'une part, et ventes à livrer, d'autre part. Mais c'est ici que trouve place la remarque faite au texte; ces divers types de ventes s'entremêlent en fait dans les diverses espèces et telle vente qui est présentée comme une vente caf est en réalité une vente à livrer La jurisprudence en fournit des exemples chaque jour plus nombreux. Nous citerons simplement à ce sujet un jugement du tribunal de commerce de Marseille, du 4 avril 1919 (*Journal de jurisprudence commerciale et maritime de Marseille* 1919, I. 237) : « Attendu, est-il dit dans cette décision, que suivant marché en date du 7 novembre 1918, enregistré, Lugassy a vendu à Schiano-Barre, la quantité de 1.000 kilos miel du Maroc, à 700 francs les cent kilos, caf, Marseille, embarquement novembre jusqu'au 15 décembre; que le contrat stipulait notamment que la marchandise serait pesée et agréée à l'arrivée avec garantie qu'elle serait saine, loyale et marchande. Attendu que cette condition, qui est incompatible avec le principe essentiel de la vente, coût, frêt, assurance, en ce qu'elle réservait à l'acheteur le droit, à l'arrivée, d'agréer, partant de refuser la marchandise, si elle n'était pas saine, même dès lors pour avaries de route, aucune distinction

rance parmi les institutions primitives originales du Droit maritime, le contrat d'affrètement nous apparaît, organiquement et rationnellement, comme une adaptation d'un contrat du Droit civil au commerce maritime. Les discussions sur la nature juridique du contrat d'affrètement ne se ramènent-elles pas à la question de savoir si, suivant les cas, on n'est pas en présence d'un contrat de location de navire ou, au contraire, en présence d'un contrat de transport, d'un simple louage de services ? Il est inutile de rappeler ici la controverse relative à la nature du contrat d'affrètement portant sur des marchandises. Alors que la doctrine classique voyait un louage de navire dans le fait par un chargeur de confier ses marchandises à un armateur, la doctrine moderne et la jurisprudence considèrent qu'il s'agit là d'un contrat de transport, d'un louage de services, et nous verrons plus loin, à l'occasion des

n'étant spécifiée, fait ressortir qu'il ne pouvait être question que d'un marché à livrer sur embarquement, nonobstant la qualification erronée donnée aux accords par les intéressés. » Il convient, d'ailleurs, de remarquer qu'en pratique, la vérification de la marchandise à l'arrivée par l'acheteur caf n'est pas loin de tranformer à certains égards la vente caf en vente à livrer. (Comp. Trib. Comm. du Havre, 28 avril 1919, *Recueil de jurisprudence commerciale et maritime du Havre* 1918-1919, I. 186).Nous n'insisterons pas davantage sur ce point, afin d'évoquer la seconde remarque faite au texte et consistant à soutenir que les ventes maritimes sont, au fond, des ventes ordinaires dans lesquelles le transport des marchandises par navire joue le rôle de terme ou de condition, surtout de condition. Cela est tout à fait apparent dans les ventes au débarquement. Cela nous remet à l'esprit l'exemple que les Romanistes donnent en matière de vente conditionnelle ordinaire; cet exemple n'est ni plus ni moins celui de la vente maritime : le chargement de blé vendu ... *si navis ex Asia venerit.* Peut-on trouver au point de vue historique une meilleure preuve de ce que nous avançons ? Aujourd'hui comme jadis, au surplus, la navigation affecte on le voit, la vente au point de vue de ses effets dans le cadre du droit privé général; mais la vente maritime n'est nullement une institution originale. Cela est si vrai, que dans le livre II du Code de commerce, le législateur n'a pas jugé à propos de lui consacrer une organisation spéciale.

clauses de non-responsabilité, les conséquences résultant de cette conception. Quoi qu'il en soit, contrat de transport ou contrat de location, l'affrètement n'en est pas moins un contrat de Droit civil adapté au commerce maritime. Sa réglementation a beau être très spéciale, il reste incontestable que le contrat d'affrètement nous place en présence du particularisme interne du Droit maritime sous sa forme atténuée, sous sa forme relative (1). Comme, par ailleurs, l'assurance

(1) Sous prétexte de présenter une étude synthétique du Droit maritime, nous ne voudrions pas que notre pensée fût déformée, plus spécialement en ce qui concerne un contrat maritime aussi important que l'affrètement; nous préciserons donc. L'affrètement revêt deux formes principales, qui sont : l'affrètement-location et l'affrètement-transport. L'affrètement-location peut avoir pour objet, soit un navire non armé et non équipé, soit un navire armé ou équipé. Une grande partie de la doctrine française persiste à voir un simple louage de choses dans la location d'un navire non armé et non équipé. (Comp. sur la question, Ripert, tome 2, p. 8 et suiv.). L'affrètement-transport peut se ramener à une location de navire; c'est le cas, si le chargeur loue spécialement pour le transport de ses marchandises tout ou partie d'un navire spécialement déterminé. Mais le véritable affrètement-transport consiste dans un louage de services, le chargeur stipulant purement et simplement le transport de ses marchandises sans s'inquiéter du navire. Or, une partie de la doctrine française s'obstine même en cette hypothèse à apercevoir, sur la base du Code de commerce, une location de navire. C'est pour mettre fin aux conséquences résultant de cette conception désuète que les armateurs ont stipulé dans leurs connaissements la faculté de chargement sur tel navire ou sur les navires suivants. Il est question plus loin de la jurisprudence relative à cette clause qui traduit bien à cette heure la véritable nature de l'affrètement-transport. Celle-ci s'éclairerait encore, s'il était besoin, par le moyen du connaissement direct, grâce auquel une compagnie de navigation s'engage à prendre en gare une marchandise, à la charger sur un navire, à l'expédier par mer, à la remettre ensuite au chemin de fer, quand il n'y a pas d'autres transbordements successifs par terre et par mer à accomplir. De cette façon-là, les transports par terre et par mer se fondent dans un même contrat principal entre l'expéditeur et la compagnie de navigation qui fait office de premier transporteur. Les questions soulevées par le connaissement direct sont loin d'être résolues à cette heure; nous voulons simplement en retenir qu'actuellement, transport maritime et transport terrestre ne s'effectuent plus juridiquement d'une manière absolument séparée;

maritime n'est plus qu'une forme de l'assurance en général (1), il se trouve que les deux contrats les plus importants du Droit maritime, l'assurance et l'affrètement, ressortissent au Droit privé général quant à leur nature spécifique et par conséquent aboutissent à un particularisme relatif enlevant au Droit commercial maritime le caractère d'une branche autonome du Droit. Si nous ajoutons que les transports par mer sont

par le jeu des transformations économiques et des besoins du commerce en général, ils s'absorbent dans le contrat de transport tout court et il faudra bien à ce sujet qu'un jour ou l'autre on se décide dans une mesure plus ou moins large à unifier le droit du transport. (Comp. sur la question Marais, *Du connaissement direct*. Revue Int. de Droit maritime. t. 29, p. 826 et s.

(1) Il va de soi que l'assurance maritime présente du fait même des rapports de Droit issus du commerce maritime des particularités très remarquables. Certaines de ces particularités sont d'ailleurs très anciennes et par conséquent se sont maintenues, malgré la généralisation de l'institution de l'assurance, ce qui rassurera les partisans du « particularisme » du droit maritime. Encore une fois, la nature même des rapports de droit issus du commerce maritime donnera toujours des caractères particuliers au droit maritime; mais il ne s'agira plus que d'un « particularisme » relatif. Citons donc en notre matière *l'assurance pour compte*, au moyen de laquelle des marchandises plus spécialement sont assurées pour le compte d'un tiers inconnu. Quoique aussi ancienne peut-être que l'idée même d'assurance, cette modalité cadre parfaitement avec la nature actuelle du commerce maritime dans lequel des marchandises embarquées passent de main à main, grâce à la transmission du connaissement. S'il n'était pas possible à l'exportateur qui, par exemple, vend caf de faire assurer les marchandises pour le compte de tous les acquéreurs successifs le commerce maritime serait impossible. La modalité de l'assurance pour compte se lie d'ailleurs intimément avec l'institution de la *police flottante* ou *d'abonnement*, au moyen de laquelle on assure jusqu'à concurrence d'un chiffre déterminé les marchandises qui seront expédiées notamment pendant une certaine période. Grâce à ces deux modalités, l'assurance maritime a son maximum de souplesse; elle couvre des valeurs, sans se préoccuper d'une détermination trop étroite, qui viendrait compliquer le jeu de leur transmission. Etant donné le but de notre étude nous ne pouvons insister davantage sur ce point. (Comp. Bresson, *Essai sur l'assurance maritime pour le compte de tiers*, th. Aix, 1913. Dubruel, *Des polices flottantes ou d'abonnement en matière d'assurances maritimes*, th. Bordeaux 1911.

devenus d'une régularité approchant de celle des transports terrestres, notre conception aura toute sa portée.

76. — Au premier abord, on pourrait peut-être être tenté de croire que si des opérations fondamentales du Droit maritime, telles que la vente maritime, l'affrètement, l'assurance, trouvent leur origine et leur base dans le Droit civil ou le Droit commercial, elles n'en ont pas moins donné naissance à une institution tout à fait originale; nous visons par là le crédit documentaire. Mais il n'en est rien; si le crédit documentaire joue sur la base du connaissement et de l'assurance à l'occasion des ventes maritimes principalement, ce crédit documentaire n'en met pas moins en œuvre une notion qui trouve son application en Droit civil et en Droit commercial sous la forme des warrants : la notion de titre représentatif de choses mobilières. La traite documentaire est, en effet, le pivot du crédit documentaire. Or, la traite documentaire ne vaut que grâce aux documents qui lui sont joints : le connaissement et l'assurance. Du fait de ces documents, l'escompteur de la traite sait qu'il a affaire avec une valeur qui ne périra pas et qui ne lui échappera pas. Son gage est assuré; c'est là l'avantage du crédit documentaire (1).

Signalons, d'ailleurs, à cet égard que le Droit maritime n'en est pas d'une manière générale pour le crédit du droit commun reposant sur le patrimoine général des débiteurs. Nous avons déjà fait allusion au droit de suite du créancier chirographaire sur le navire. Nous avons indiqué à cette occasion que, contrairement à l'opinion courante, l'existence de ce droit de suite du créancier chirographaire ne traduisait pas une conception absolument spéciale au Droit maritime de la condition juri-

---

(1) Comp. Bouché, *Les avances sur documents maritimes*, th. Bordeaux, 1919.

dique du créancier chirographaire. Nous avons, au contraire, avancé que c'était là une manifestation de la qualité d'ayant cause à titre particulier du créancier chirographaire, qui se retrouve aussi bien en Droit civil qu'en Droit commercial terrestre (1). N'empêche que la condition juridique du créancier chirographaire est plus spécialement bien organisée en Droit maritime, grâce à son droit de suite et aussi grâce à la portée à son égard de la mutation en douane. Il se trouve, en effet, que les créanciers chirographaires peuvent se prévaloir du défaut de mutation en douane. Tout cela aboutit à spécialiser leur gage. Nous en trouverions, s'il était besoin, une autre preuve dans l'organisation des droits du créancier chirographaire en matière d'abandon du navire et du fret, où la grande difficulté consiste à essayer de concilier les droits des créanciers chirographaires relatifs à un même navire et à des voyages différents, quand il y a plusieurs abandons successifs. Notons enfin que la tendance à la spécialisation du gage des créanciers est telle que le nombre des privilèges est démesuré en Droit maritime au point de faire disparaître pour ainsi dire l'espèce du créancier chirographaire; c'est certainement là un des traits significatifs du particularisme du Droit maritime.

77. — La caractéristique essentielle du « particularisme » interne du Droit commercial maritime sous sa forme relative ; les solutions données au problème de la responsabilité par la pratique et la jurisprudence maritimes. — Au fond, le particularisme interne du Droit commercial maritime est, on le voit, un particularisme essentiel-

---

(1) J. Bonnecase, *La condition juridique du créancier chirographaire. Sa qualité d'ayant cause à titre particulier.* Revue trimestrielle de droit civil, 1920.

lement relatif. A un moment donné, nous avons qualifié ce particularisme de particularisme biologique par opposition au particularisme absolu que nous avons appelé particularisme de structure. Ces termes peuvent surprendre; expliquons-les donc. Si l'on va au fond des choses, le particularisme interne relatif tient surtout à la manière dont les corporations maritimes et la jurisprudence conçoivent la responsabilité. Or, qui dit responsabilité dit choc entre activités concurrentes, c'est-à-dire dit vie. Peu nous importe la structure que revêtiront les diverses institutions du commerce maritime; ce qui intéresse le Droit, c'est la façon dont l'équilibre sera maintenu entre les prétentions des sujets de droit qui se mouvront à l'abri ou en dehors des institutions existantes. A ce sujet nous avons indiqué que la grande particularité consistait de la part des corporations participant à la vie maritime à décliner les conséquences de leurs actes.

Nous avons rappelé sur la base des arrêts, en nous plaçant au point de vue formel, la situation créée par l'apparition de la négligence-clause. Celle-ci a vraiment déchaîné l'anarchie dans le Droit maritime par la situation favorable qu'elle créait aux armateurs à la faveur des décisions jurisprudentielles. Comme suite de la négligence-clause, les armateurs ont, on le sait, monté un véritable arsenal de clauses similaires accentuant toujours davantage leur tendance à exercer leur profession sans encourir aucun risque. En effet, se fondant sur ce que l'affrètement concernant les marchandises était un véritable contrat de transport, les armateurs ont inséré dans leurs connaissements la clause de chargement sur tel navire ou sur les navires suivants. Ils ont été du coup les maîtres de la situation à l'encontre des chargeurs, aussi bien en ce qui concerne la prise en charge des marchandises que leur transport. La jurisprudence, là encore, a approuvé leur manière de voir et cela d'une façon tout aussi formelle qu'à l'occasion de la négligence-clause (1). On ne devait

(1) La jurisprudence s'est prononcée depuis longtemps déjà dans le sens de la validité de la clause et encore une fois ses décisions en la matière sont de plus en plus fermes. L'une des premières qui soit intervenue d'une façon nette est un jugement du Tribunal de commerce du Havre en date du 10 mai 1899 (*Rev. intern. de droit maritime*, t. XIV, p. 802 et s.) : « Attendu, y est-il dit, que la Société navale oppose à la demande de Beyre et Cie la stipulation de connaissement l'autorisant à charger la marchandise sur le navire désigné ou sur tout autre et l'art. 4 desdits connaissements donnant à l'armateur et au capitaine la faculté de transborder en tout temps ou charger sur un autre navire tout ou partie des marchandises remises à eux ou à leurs agents et sans avis préalable, les retards et risques quels qu'ils soient restant à la charge de la marchandise; attendu que la clause invoquée par la société demanderesse est licite et valable. » Nous citerons, en second lieu, un arrêt de la cour d'appel de Rouen en date du 3 mai 1911 (*Rev. intern. de droit maritime*, t. 27, p. 488). Cet arrêt est d'autant plus caractéristique qu'il était intervenu à propos de la clause exprimée de la manière la plus large : « Attendu, y est-il dit, que ledit connaissement fait la loi des parties; que ses clauses n'ayant rien d'illicite s'imposent aux juges pour le règlement des difficultés auxquelles donne lieu le transport. » L'arrêt de la cour de Rouen est d'autant plus remarquable que dans une même formule il décide et que la clause du connaissement est valable et que le connaissement constitue rigoureusement la loi des parties. Nous donnerons enfin le texte d'un jugement du tribunal de commerce de Marseille en date du 5 juin 1914 (*Recueil de jurisprudence de Marseille*, 1915-1916, 1re partie, p. 20-21) : « Attendu, dit le jugement, que Ducreux avait amené, au quai de Philippeville, le 26 juillet dernier, pour être chargés sur vapeur « Jeanne-d'Arc », à la consignation de Périé et Bussière, un lot de 603 moutons qui ne furent pas embarqués et durent attendre le départ de la semaine suivante; que ledit Ducreux réclame à la Compagnie Transatlantique des dommages-intérêts en réparation du préjudice résultant pour lui du retard en question; attendu que la défenderesse se prévaut de la clause du connaissement qui lui réserve la faculté de charger sur le vapeur désigné ou sur l'un des deux suivants; que la clause ainsi stipulée s'applique, quelle que soit la nature des marchandises faisant l'objet du connaissement, que s'il est plus particulièrement fâcheux pour le propriétaire d'animaux sur pied amenés à quai de se voir opposer cette condition du transport, il ne faut pas perdre de vue, dans l'espèce, que la condition susdite avait été acceptée par le chargeur et que Ducreux aurait eu, du reste, en conformité de la jurisprudence, la possibilité d'exercer utilement son action, s'il avait été en mesure de démontrer l'existence d'une faute

pas s'arrêter là; les armateurs allaient bientôt stipuler la non-responsabilité de leurs fautes personnelles et si la jurisprudence, en principe, ne légitime pas d'une façon absolue cette prétention, elle la légitime, en fait, en déclarant que la responsabilité délictuelle est du coup substituée à la responsabilité contractuelle (1). Ce n'est

commise par le transporteur; par ces motifs, le Tribunal déboute Ducreux de sa demande et le condamne aux dépens. »

(1) Nous citerons à dessein dans son entier l'arrêt précité de la Cour de Cassation du 6 mars 1912, S. 1913, I, 356. La Cour, sur l'unique moyen du pourvoi (violation et fausse application des art. 216, 222, 230, 281 et s., C. comm., 1134-1315, C. civ., violation de l'art. 7 de la loi du 20 avril 1810, en ce que, en présence d'une clause d'exonération des fautes du capitaine, ou dans le transbordement ou dans le magasinage, l'arrêt attaqué, sans s'arrêter à la preuve rapportée du transbordement et de la mise en magasin, déclare l'armateur responsable de la prétendue délivrance de la marchandise, sous le prétexte « qu'il n'y a pas à se préoccuper du cas fortuit ou de la force majeure qui serait à la charge de l'expéditeur ou du destinataire, au moins quant à la preuve, suivant les termes du connaissement », alors qu'il aurait dû tout au moins exiger la preuve, à la charge du réclamant, d'une faute personnelle de l'armateur, et qu'il devait s'expliquer sur la clause, invoquée par la Compagnie demanderesse et écartée par lui, d'exonération des fautes du capitaine, d'où résultait également l'irresponsabilité absolue de l'armateur; — Vu l'article 1134 C. civ.; attendu que, des qualités et des motifs de l'arrêt attaqué il résulte que suivant connaissement, en date à Tonnay-Charente du 13 juillet 1903, la *Peninsular and Oriental Steam Navigation Company* a reçu de la Société *les Héritiers de Marie-Brizard et Roger*, pour les transporter à Port - Arthur, soit par ses navires, soit par navires étrangers, 50 caisses contenant chacune 12 bouteilles d'eau-de-vie; qu'il était stipulé audit connaissement que la *Peninsular Company* ne serait pas responsable de ses fautes et de celles de ses agents, ni des fautes du capitaine et des gens de l'équipage; que les 50 caisses d'eau-de-vie n'ont jamais été remises au destinataire, et qu'en réponse à l'action du paiement de leur valeur, formée par *les Héritiers de Marie-Brizard et Roger*, la *Peninsular*, tout en maintenant qu'elles avaient été transbordées à Shangaï, le 18 sept. 1903, sur le steamer *Tsizikur*, de la *Chinese eastern Railwaiy Company*, et à leur arrivée à Port-Arthur, déposées, faute de réclamation immédiate, dans les magasins de cette Compagnie, a excipé tant de la clause de l'irresponsabilité de ses fautes que de celle de l'énonciation des fautes du capitaine; — Attendu que si, de ces deux clauses, la première ne pouvait avoir pour effet d'affranchir la *Peninsular* de toute responsabilité, elle avait du moins

pas ici le lieu de poursuivre l'énoncé de toutes les clauses de non-responsabilité qui ont apparu dans la suite et qui apparaissent tous les jours.

78. — Nous ferons toutefois état de quelques-unes d'entre elles dans le but, précisément, de montrer encore, sous un autre de ses aspects, le mouvement très lent, il est vrai, mais certain, qui se dessine contre une portée trop grande de l'irresponsabilité des armateurs. Nous visons la catégorie des clauses « poids inconnu, quantité inconnue, mesure inconnue, qualité inconnue », ou encore les clauses plus générales « que dit être et sans approuver ». Ces clauses ont pour origine l'impossibilité dans laquelle se trouvent parfois les agents de l'armateur de vérifier l'exactitude des énonciations des chargeurs et, par suite, le désir de l'armateur de ne pas avoir à supporter les conséquences de cette non vérification. L'effet normal de ces clauses se conçoit comme devant astreindre le chargeur, au moment de la livraison, à prouver qu'une quantité déterminée de marchandises avait été effectivement

pour conséquence, contrairement au droit commun, de mettre la preuve des fautes qu'elle aurait commises à la charge des *Héritiers de Marie-Brizard et Roger;* que l'effet de la seconde était absolu; — Attendu cependant que, pour condamner dans ces circonstances ladite Compagnie à payer, avec dommages-intérêts, à la Société expéditrice, la valeur des caisses en litige, l'arrêt attaqué s'est borné à dire « qu'il n'y avait pas à se préoccuper du cas fortuit ou de la force majeure, qui serait à la charge de l'expéditeur ou du destinataire, au moins quant à la preuve, suivant les termes du connaissement; que dans les circonstances de fait où la Compagnie posait cette question, il n'y avait pas de place pour cette hypothèse, et que, notamment, il était impossible d'invoquer des faits de guerre, puisque c'était le 18 sept. 1903 que le transbordement s'était opéré, d'après elle, à Shangaï, et que c'était en mars 1904 seulement que la guerre avait éclaté brusquement »; qu'en statuant ainsi, sans relever à la charge, soit de la *Peninsular* elle-même, soit de la *Chinese eastern Railway,* aucun fait précis constitutif d'une faute, sans, d'autre part, s'expliquer sur la clause d'exonération des fautes du capitaine, la Cour de Poitiers n'a pas légalement justifié sa décision et a violé l'article ci-dessus visé; — casse l'arrêt rendu le 1er juillet 1907 par la Cour de Poitiers, etc.

livrée au capitaine; comme conséquence l'armateur devrait, en principe, répondre des manquants. Telle n'a pas été pourtant l'interprétation première de la jurisprudence.

Dans sa faveur pour l'armement elle a commencé par décider que les chargeurs devaient, pour pouvoir se prévaloir des manquants, établir une faute du capitaine ou de l'armateur. Aux termes d'un arrêt de la Cour de cassation du 21 février 1906 (1), les clauses que nous visons devaient produire leur effet chaque fois que les chargeurs n'établiraient pas une faute personnelle du capitaine, faute qui, bien entendu, ne résulterait pas d'une absence de concordance entre les connaissements et les marchandises livrées à l'arrivée. Par le moyen d'une formule plus positive encore un jugement du Tribunal de commerce de Marseille du 12 mars 1912 (2) a débouté un chargeur sous prétexte que celui-ci n'avait pas établi la relation de cause à effet entre une faute du capitaine et le manquant dont il se prévalait. Mais la jurisprudence en est heureusement venue à une plus saine appréciation des choses; par un arrêt du 24 mars 1914 (3), la Chambre civile de la Cour de cassation a décidé qu'en l'état d'un connaissement contenant, d'une part, la clause imprimée « quantité inconnue », et, d'autre part, la mention manuscrite du nombre des colis insérée sans réserve par le capitaine, il était loisible aux juges du fait d'aller jusqu'à déclarer que la clause de non-garantie des quantités était sans application possible dans la cause. Par ailleurs, des décisions de tribunaux de commerce, notamment un jugement du Havre du 28 août 1918 (4), ont précisé qu'en présence de la

(1) *Revue Int. de Droit maritime*, T. 21, p. 580.
(2) *Ibid.*, T. 28, p. 596.
(3) *Ibid.*, T. 30, p. 11.
(4) *Recueil du Havre*, 1918-1919. I. 200.

B.

clause « qualité, quantités inconnues », le chargeur devait simplement démontrer que les soustractions avaient été commises depuis le moment où le capitaine avait pris la charge de la marchandise et pendant qu'elle était sous sa garde. Il est donc certain que, grâce à la tendance résultant de ces décisions, la situation des chargeurs est grandement améliorée (1).

Cette amélioration devait se poursuivre dans un domaine plus large encore. Nous donnerons à cet égard quelques précisions qui, rapprochées des constatations antérieurement faites, contribuent à prouver l'existence du mouvement de résistance que nous esquissons. C'est ainsi que la jurisprudence décide que les clauses d'exonération du connaissement ne peuvent pas être invoquées lorsque les circonstances de la cause font présumer que les avaries constatées à destination se sont produites avant l'embarquement des marchandises et pendant que le transporteur maritime en était dépositaire (2). C'est ainsi encore que, mettant à profit un semblant de formalisme, la Cour de cassation décide que le connaissement est dépourvu de tout effet légal lorsqu'il porte seulement la signature du transporteur, nul ne pouvant se créer un titre à soi-même; en conséquence, les clauses du connaissement, plus spécialement les clauses d'irresponsabilité de tout genre, ne sont pas opposables au chargeur par le fait seul que celui-ci n'a pas signé le connaissement (3). Cette jurisprudence est extrêmement intéressante parce qu'on aurait très bien pu concevoir que, par le fait seul de la livraison de ses marchandises, le chargeur

(1) Comp. Sauvage, *Les clauses « poids inconnu », « que dit être » et autres clauses similaires.* (*Revue Int. de Droit maritime*, **T. 31**, p. 437 et s.).

(2) Trib. Comm. Havre, 13 janvier 1919, *Revue Int. de Droit maritime*, T. 31, p. 529.

(3) Cass., 20 mai 1912, S. 1912. 1. 368; Cass., 20 oct. 1914, S. 1915. 1. 39.

fût considéré comme ayant accepté les clauses des connaissements, surtout les clauses manuscrites qu'il ne pouvait au fond ignorer. Il semble bien, d'ailleurs, que certaines cours d'appel soient moins formalistes que la Cour de cassation sur l'interprétation de l'article 282 du Code de commerce. On aurait tort toutefois de considérer comme étant en ce sens un arrêt de la Cour de Rouen du 24 décembre 1918 (1); cet arrêt a bien considéré que le chargeur était condamné à subir un connaissement avec toutes ses clauses quand il l'avait reçu sans protestation ni réserve, quoique ne l'ayant pas signé; mais il se trouvait que, dans l'espèce, le chargeur avait transmis le connaissement par voie d'endos et cette circonstance pouvait être considérée comme équivalant à sa signature. Nous noterons enfin que dans son interprétation de certaines lois étrangères, telles que l' « Harter act » américain, la jurisprudence s'est montrée particulièrement disposée à renforcer la responsabilité de l'armateur (2).

79. — Nous serions incomplet si nous ne signalions encore, toujours dans le même ordre d'idées, la tendance de la jurisprudence à déclarer le consignataire

(1) *Rev. Int. de Droit maritime*, T. 31, p. 493.

(2) Voir un bon exposé jurisprudentiel de cette question dans la note anonyme de Sirey sous Cass., 6 juillet 1915 et 12 novembre 1918, S. 1920, 1, 29. L'Harter act américain, sous réserve des difficultés extrêmes d'interprétation de ses termes, prohibe les clauses d'exonération des fautes commerciales tant de l'armateur que de ses agents; il exonère, au contraire, de plein droit l'armateur de toutes les fautes nautiques de ses préposés pourvu qu'il ait fourni au départ la due diligence, c'est-à- dire qu'il ait apporté à la préparation du voyage les précautions qu'un armateur diligent et soigneux doit apporter à une expédition maritime. C'est dans l'interprétation de cette disposition fondamentale que la jurisprudence des tribunaux de commerce et des cours d'appel se montre d'autant plus sévère que s'agissant d'une loi étrangère ladite jurisprudence échappe au contrôle de la Cour de cassation; celle-ci se refuse à réviser l'interprétation des juges du fond sur les lois étrangères. Comp. Cass., 6 juillet 1915 et 12 novembre 1918, S., 1920, 1, p. 29.

L.

de navire personnellement responsable en principe
de l'inexécution du contrat d'affrètement, tout au
moins lorsque le navire a quitté le port. « Attendu, dit
un arrêt de la Cour de Bordeaux du 29 novembre 1920,
que lorsque après son déchargement le navire quitte
le port pour reprendre la mer, le consignataire qui,
chargé de ses intérêts, le représente, est à considérer
comme substitué à l'armateur et au capitaine, ayant
les mêmes droits, les mêmes obligations et étant aux
lieu et place de ces derniers responsable de la marchandise qu'il doit livrer au destinataire; qu'il doit
notamment, par l'effet d'une subrogation qui s'impose
d'après les nécessités de la pratique commerciale, être
déclaré personnellement responsable des manquants et
avaries. » Cette décision, qui se justifie peut-être assez
difficilement sous le rapport des principes purs, est
issue du désir de protéger les chargeurs. Il semble que,
toujours sous le rapport des principes, un jugement du
Tribunal du Havre en date du 30 juillet 1920 ait mieux
fondé la responsabilité du consignataire de navire en
déclarant que, du fait qu'il avait laissé partir le navire,
le consignataire avait privé les réclamateurs de leur
gage et avait en conséquence commis une faute dont
il devait supporter la responsabilité. Au fond, d'ailleurs, le principe jurisprudentiel de la responsabilité
illimitée du consignataire de navire est le plus souvent
un leurre, parce que cette même jurisprudence l'autorise à se prévaloir des clauses de non-responsabilité
inscrites dans les connaissements au profit de l'armateur. Nous donnons en note, malgré sa longueur, le
texte d'un jugement du Tribunal du Havre du 30 juillet 1919 (1), qui éclairera d'autant mieux la situation

(1) « Attendu, dit ce jugement, que la Société navale de l'Ouest
a, par exploit en date du 5 juin 1919, fait assigner Cherfils, courtier
maritime, en sa qualité de consignataire du steamer *Costeira* pour
s'entendre condamner à lui rembourser la valeur de 881 boîtes de

qu'il s'agissait d'un courtier maritime transformé en consignataire de navire.

sardines et de 150 kilos d'amandes ayant manqué au débarquement dudit steamer, soit d'une part 881 francs, et d'autre part 900 francs; s'entendre, en outre, condamner aux dépens; attendu que, pour repousser cette action, Cherfils invoque divers moyens qu'il convient d'examiner; que, tout d'abord, il prétend qu'il a agi non comme consignataire, mais uniquement en qualité de courtier maritime, chargé de la conduite du navire et que, n'ayant collecté aucun fret, son rôle s'est borné à guider le navire dans ses démarches et ses opérations; mais attendu que si, en qualité d'agent et de représentant des armateurs, le consignataire est appelé, en règle générale, à percevoir le fret, ce n'est là qu'une de ses attributions; que la principale consiste à opérer la délivrance des marchandises aux réclamateurs; attendu que Cherfils reconnaît lui-même être intervenu pour délivrer les marchandises chargées à bord du *Costeira* aux personnes déterminées par les connaissements; qu'en tout cas, il a lui-même estampillé le connaissement de la Société navale de l'Ouest; qu'il ne saurait donc sérieusement prétendre ne pas avoir rempli le rôle de consignataire; que la vérité est que, outre la conduite du navire, Cherfils en a fait la consignation; attendu que Cherfils prétend, d'autre part, que dût-il être considéré comme ayant été le consignataire du steamer *Costeira*, il n'en est pas moins fondé à demander, que la Société navale de l'Ouest soit déboutée de son action, parce que la délivrance de la marchandise aurait été effectuée par le capitaine et sous sa surveillance, antérieurement au départ du navire et au fur et à mesure du débarquement et que, par conséquent, il ne s'est pas substitué au navire pour la remise des marchandises aux réclamateurs et que, dans ces conditions, sa responsabilité ne saurait être engagée que si, ce qui n'est pas, une faute personnelle était relevée contre lui; attendu qu'il n'est pas douteux que si les choses s'étaient passées ainsi que le soutient Cherfils, la Société navale de l'Ouest serait sans droit pour lui réclamer la valeur des manquants dont elle se plaint; que tant, en effet, que le capitaine et le navire sont présents dans le port, le consignataire ne peut, à défaut de fautes personnelles, avoir à répondre des avaries et manquants constatés à la livraison et que ce n'est qu'au cas où, ayant laissé partir le navire, il s'est substitué à lui pour opérer la délivrance des marchandises qu'il peut en être tenu; qu'encore faut-il, pour qu'il en soit ainsi, que les armateurs soient eux-mêmes responsables des avaries et manquants comme responsables des fautes du capitaine; qu'on ne saurait, en effet, perdre de vue que le consignataire n'est que le mandataire de l'armement pour les affaires du navire et éventuellement encaisser le fret; que si, aux termes de la jurisprudence, le consignataire doit, au cas de départ du navire avant la fin de la livraison, répondre des avaries ou manquants envers les réclamateurs, la raison

80. — Il n'en reste pas moins que, relativement au problème de la responsabilité en matière maritime, le

d'être de cette responsabilité réside dans les droits que les réclamateurs peuvent exercer sur le navire et sur le fret; que, de là, il suit que le consignataire ne peut avoir à répondre des avaries ou manquants imputables à une faute personnelle du capitaine qu'autant que les armateurs étant eux-mêmes responsables des fautes commises par le capitaine, il a, en laissant partir le navire, privé les réclamateurs des droits qu'ils pouvaient exercer sur celui-ci; mais attendu que la situation n'est pas celle que prétend Cherfils; que des faits et documents de la cause, il résulte que la délivrance des marchandises n'a pas été opérée par le capitaine et sous sa surveillance avant le départ du navire, mais par Cherfils alors que le navire avait déjà quitté le port du Havre, puisque c'est à la date du 12 mai que le *Costeira* est parti, et le 14 seulement que Cherfils a estampillé les connaissements de la Société navale de l'Ouest; que, de là, il suit que Cherfils s'étant incontestablement substitué au navire pour la délivrance des marchandises doit, au même titre et dans la même mesure que l'eussent été les armateurs, être tenu pour responsable envers la Société navale des manquants litigieux; attendu qu'il n'est pas douteux que les armateurs du *Costeira* eussent dû répondre de ces manquants; que d'une part, en effet, le connaissement stipule expressément que le contrat de transport est soumis à tous les termes et prescriptions de la loi américaine du 13 février 1893 dite « Harter act » et qu'il est, par suite, constant que les clauses du connaissement par lesquelles le capitaine et les armateurs du *Costeira* se sont exonérés des obligations qui leur sont imposées par ladite loi de bien arrimer, manutentionner et livrer les marchandises reçues, doivent être considérées comme radicalement nulles et de nul effet; que d'autre part, il est établi que le navire a reçu les caisses de sardines et d'amandes dont il s'agit en bon état de conditionnement sans aucune réserve, et qu'ainsi qu'en fait foi le rapport du capitaine visiteur, chargé de surveiller le débarquement du *Costeira*, 23 caisses de sardines et 14 caisses d'amandes ont été débarquées en état de vidanges, portant des traces d'ouverture et que des soustractions y avaient été opérées durant le voyage; que par conséquent, les manquants se sont produits pendant que la marchandise était sous la responsabilité du navire; attendu que, vainement, pour atténuer l'importance des manquants dont il a à répondre, Cherfils prétend que le capitaine visiteur ayant constaté sur 57 caisses de même marque arrivées non facturées, et ne pouvant par suite donner lieu à aucune réclamation contre le navire, lequel a pu légitimement stipuler qu'il ne répondrait pas du contenu des colis, un manquant uniforme des 20 boites, il y a lieu de considérer que le même manquant existait sur les caisses litigieuses; que pour pouvoir invoquer comme atténuation ce manquant, il faudrait que Cherfils établisse qu'il existait certai-

fait capital réside dans l'attitude de l'armement cherchant à se soustraire à toute responsabilité professionnelle et déclenchant de ce fait, dans toute la sphère de la vie commerciale maritime, la lutte contre la responsabilité. L'attitude de l'armement devait, en effet, ainsi que nous l'avons indiqué antérieurement, porter les autres corporations intéressées, celle des assureurs par exemple (1), à diminuer le plus possible la responsabilité susceptible de leur incomber.

81. —En résumé, c'est la manière dont la responsabilité fonctionne à l'heure actuelle qui constitue le principal aspect du particularisme interne du Droit commercial maritime. Du coup, ce particularisme était condamné à être essentiellement relatif, parce que la responsabilité traduit la vie juridique, est une notion qui s'étend au Droit tout entier et tend nécessairement de par sa nature spécifique vers l'uniformité. De plus, les faits en cette matière sont décisifs et susceptibles d'entraîner les plus grands revirements de jurisprudence. Cette perspective dictera nos conclusions en ce qui concerne la situation du juriste en présence du Droit maritime actuel et de la nécessité de son interprétation quotidienne.

nement dans toutes les caisses, ce qu'il ne fait pas et ne peut pas faire, puisque sur les caisses vidanges par faute du navire, il en est où le déficit n'atteint pas le chiffre de 20 invariable dans toute la catégorie visée par le capitaine visiteur; que de tout ce qui précède, il résulte que Cherfils, responsable en tant que représentant les armateurs du *Costeira* envers la Société navale de l'Ouest des manquants réclamés par elle, doit, sauf à lui exercer son recours contre lesdits armateurs, être condamné au paiement de la somme de 1,781 francs qui en elle-même n'est pas contestée». Recueil du Havre, 1919, 1, 81.

(1) Comp. la police française d'assurances maritimes sur marchandises ou facultés (imprimé du 15 novembre 1919). *Rev. Int. de dr. marit.*, 1918-19, p. 452. V. également pour les entreprises de constructions navales : Basso, th. Paris 1910, et pour le Bureau Veritas, Pocard du Cosquer de Kerviler, th. Rennes 1906.

CONCLUSION

LA SITUATION DU JURISTE EN PRÉSENCE DE L'ÉTAT
INORGANIQUE DU DROIT COMMERCIAL MARITIME : LA
LUTTE SUR LE TERRAIN DU FAIT ET DANS LE CADRE
DU DROIT COMMERCIAL GÉNÉRAL, PAR LE MOYEN DE
LA NOTION DE DROIT, SOUS LE COUVERT DES DIRECTIVES
CONTINGENTES D'ORDRE PUBLIC, D'ÉQUITÉ, D'ÉQUILIBRE
DES INTÉRÊTS

---

82. — Notre conclusion sera brève, mais il faut une conclusion à notre étude. Chacune de ses pages postule, en effet, une réponse à cette question : quelle est la situation du juriste, à l'heure actuelle, en présence de l'état inorganique du Droit commercial maritime ? Cette réponse nous la formulons ainsi : le juriste est condamné à la lutte sur le terrain du fait et dans le cadre du Droit commercial général, par le moyen de la notion de droit, sous le couvert des directives contingentes d'ordre public, d'équité, d'équilibre des intérêts. Précisons en quelques mots notre pensée.

83. — L'état inorganique du Droit commercial maritime tient à plusieurs causes qui toutes influent sur le juriste et lui créent une atmosphère dans laquelle il lui est extrêmement difficile de se mouvoir.

Cet état inorganique tient, en premier lieu, à l'attitude du législateur; d'une part, celui-ci a laissé subsister de vieux textes sans concordance avec l'état actuel de la navigation maritime et dont, dans une certaine mesure, il faut tenir compte; d'autre part, il a jugé à propos de ne pas intervenir pour réglementer et harmoniser les manifestations juridiques nées des transformations du commerce maritime. En second lieu, l'égoïsme instinctif ou raisonné des diverses corporations maritimes, plus spécialement de la corporation des armateurs, a banni les usages conciliateurs pour donner naissance à une sorte de Droit écrit d'autorité privée, essentiellement corporatif et unilatéral, par suite, dans son ensemble, anarchique, qui en réalité a pris la place des dispositions qu'on attendait du législateur.

La situation a été compliquée, en troisième lieu, par la jurisprudence de la Cour de cassation; ce n'est pas que celle-ci eût dû dans tous les cas condamner les clauses inscrites dans les divers statuts corporatifs; mais elle eût dû, conformément à l'article 5 du Code civil, ne se prononcer au regard d'une clause que sur la base des circonstances de la cause. Au lieu de cela, nous le savons, elle a procédé par voie abstraite, générale, dogmatique, absolue. Enfin, nous apercevons la quatrième source de l'état inorganique du Droit commercial maritime dans la méconnaissance, inconsciente ou calculée de la part des intéressés, de ses rapports avec le Droit civil et le Droit commercial général; qu'on le veuille ou non, le Droit maritime est limité de tous côtés, submergé serait plus exact, par le Droit civil et le Droit commercial; leurs flots réunis recouvrent ce qui jadis paraissait être du domaine exclusif du Droit maritime ; pourtant la croyance survit du « particularisme » du Droit maritime. L'atmosphère dans laquelle est condamné à se mouvoir le spécialiste de Droit maritime est encore de la sorte rendue plus trouble.

84. — En présence de cette situation, la voie à suivre par le juriste dans l'interprétation du Droit maritime est très simple. Il doit tout d'abord situer chaque espèce dans le cadre du Droit commercial général et se livrer à une recherche préliminaire consistant à déterminer ce que présentent de spécifiquement maritime les règles de droit mises en jeu par ladite difficulté. Ce point de vue, trop souvent oublié, fait que tel qui croit plaider en Droit maritime plaide, en réalité, inconsciemment en Droit commercial terrestre ou même en Droit civil pur. Il plaide donc à faux.

Le juriste doit ensuite, plus qu'en toute autre matière engager la lutte sur le terrain du fait, combattre la jurisprudence par trop dogmatique de la Cour suprême en analysant les faits à la lumière de la notion de droit. Tout procès de Droit maritime est, en principe, un procès de responsabilité; du coup, entrent en jeu les éléments les plus variables issus des conditions économiques du commerce maritime et des agissements inhérents à l'esprit de spéculation, légitime d'ailleurs pris en lui-même. Seule la notion de droit, qui pour nous se ramène à commander le respect et la protection de la personnalité de chacun en toute circonstance, sur la base d'une situation de fait donnée (1); seule la notion de droit est susceptible de permettre à l'interprète de découvrir la solution harmonique qui convient à un amas de compétitions au premier abord indéchiffrable. En songeant à la lutte indirecte, mais opiniâtre, engagée à chaque occasion par les juges du fond contre le dogmatisme de la Cour de cassation, nous avons dit dans notre introduction que le juriste avait pour mission en matière maritime de « dire » le Droit dans toute l'acception du terme ; on comprendra

(1) J. Bonnecase, *La notion de Droit en France au xixe siècle*, Contribution à l'étude de la philosophie du droit contemporaine, Paris, 1919.

mieux maintenant que c'est là sa tâche quotidienne. Sans doute, la notion de droit n'est pas solennellement invoquée par les juges du fond quand ils vont, ainsi que nous l'avons indiqué, contre les décisions de la Cour suprême; ils s'appuient, nous le savons, sur les notions d'ordre public et d'équité. Mais ce sont là des formes contingentes de la notion de droit auxquelles nous préférerions, pour notre part, l'expression : « équilibre des intérêts ». Plus spécialement en matière commerciale, qui dit : notion de droit, dit pratiquement : équilibre des intérêts (1).

(1) Nous tenons, en terminant, à faire encore une précision. L'origine lointaine de cette étude synthétique réside dans notre admiration pour les travaux par lesquels M. le Professeur Gény, doyen de la Faculté de Droit de Nancy, a rénové à l'aurore du xxe siècle la science du Droit privé et par voie de conséquence la pratique du Droit privé. Si nous n'avions poursuivi avant tout un but immédiat d'application, nous nous serions permis de dédier le modeste résultat de notre effort à l'illustre Maître, dont la pensée rayonne sur la science juridique française, plus spécialement par ses deux ouvrages fondamentaux : *Méthode d'interprétation et sources en droit privé positif ;* .. *Science et technique en droit privé positif ;* mais notre objectif direct nous a trop écarté de l'atmosphère purement scientifique pour que nous ayons cru pouvoir donner suite à notre idée première. Nous avons considéré, néanmoins, qu'il ne nous était pas défendu, en finissant notre tâche, de rendre pour les directives d'ordre général, qui ont découlé pour nous de son œuvre, un hommage de reconnaissance profonde à M. le Professeur Gény.

TABLE DES MATIÈRES

38.456. — BORDEAUX, IMPRIMERIE CADORET, 17, RUE POQUELIN-MOLIÈRE.

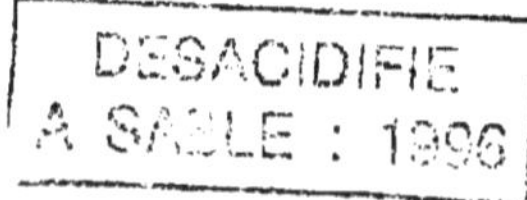

OUVRAGES DU MÊME AUTEUR

La faillite virtuelle. Étude de jurisprudence. Toulouse, Rivière, 1904, 1 vol. in-8°.

La faillite virtuelle et la notion juridique de la cessation des paiements. (Extrait des *Annales de Droit commercial.*) 1910.

De la condition juridique de l'apport dans l'association en participation. (Extrait des *Annales de Droit commercial.*) 1908.

Modification indirecte du régime de la communauté entre époux par la législation récente. (Extrait des *Annales de l'Université de Grenoble.*) 1911.

L'institution de la communauté continuée. Contribution à l'étude de la réforme du Droit matrimonial français. (Extrait des *Annales de l'Université de Grenoble.*) 1909, 1 broch. gr. in-8°.

La réforme du régime de la communauté légale et les enseignements de la pratique. (Extrait de la *Revue trimestrielle de Droit civil.*) 1911.

Le tribunal des tutelles dans l'Empire allemand. Toulouse, Rivière, 1904.

La femme mariée commerçante d'après la loi du 13 juillet 1907 (en collaboration avec M. Maurice BERNARD). (Extrait de la *Revue trimestrielle de Droit civil.*) 1909.

La science du Droit privé en France au début du XIXᵉ siècle. La Thémis, 1819-1831; son fondateur Athanase Jourdan. Paris, Librairie du Recueil Sirey, 2ᵉ édition, 1914, 1 vol. in-8°.

La notion de Droit en France au XIXᵉ siècle. Contribution à l'étude de la philosophie du Droit contemporaine. Paris, de Boccard, 1919, 1 vol. in-8°.

L'École de l'Exégèse en Droit civil. Paris, de Boccard, 1919, 1 broch. gr. in-8°.

38.456. — BORDEAUX, IMPRIMERIE CADORET, 17, RUE POQUELIN-MOLIÈRE.

www.ingramcontent.com/pod-product-compliance
Lightning Source LLC
LaVergne TN
LVHW012317170726
843503LV00002B/695